いちばんやさしいDX（デジタルトランスフォーメーション）の教本

人気講師が教える ビジネスを変革する攻めのIT戦略

インプレス

Profile

著者プロフィール

亀田重幸

ディップ株式会社 dip Robotics 室長

プログラマー、インフラエンジニア職を経て、ディップにてバイトルのiOS／Androidアプリを企画立案。エンジニアとディレクター両側面スキルを活かし、数多くのプロジェクトマネジメントを手掛けた。その後の新規事業開発では年間30本以上の事業を立案。ユーザー目線を重視した顧客開発を行い、UXデザイナーとしても活躍。

進藤　圭

ディップ株式会社 執行役員 次世代事業統括部/dip AI.Lab室長

早稲田大学を7年かけ卒業後、ディップに新卒入社。営業職、ディレクター職を経て、開始後3年で15億円の売上に成長した看護師人材紹介「ナースではたらこ」など、40件以上のサービス企画に参加。直近では、AIアクセラレーターやDigital labor force「コボット」を提供するAI・RPA事業がある。

●購入者限定特典　電子版の無料ダウンロード

本書の全文の電子版（PDF ファイル）を以下の URL から無料でダウンロードいただけます。

ダウンロード URL：**https://book.impress.co.jp/books/1119101166**

※画面の指示に従って操作してください。
※ダウンロードには、無料の読者会員システム「CLUB Impress」への登録が必要となります。
※本特典の利用は、書籍をご購入いただいた方に限ります。

はじめに

デジタルトランスフォーメーション（DX）は、デジタルによってビジネスに新しい価値をもたらし、ビジネスモデルを刷新するといわれています。事実、DXの事例として語られるAmazonやUber、アリババやテンセントなどのビジネスはすばらしく、世界に新しい価値をもたらしました。しかし、多くの企業はいまだに紙に埋もれ、DXなど遠い世界の話のように感じていることと思います。

筆者たちが勤める会社がまさにそうでした。いまでこそデジタル化によって生まれた価値を社外に広げる活動を行っていますが、第一歩はチーム内で紙をなくすことから始めたのです。そこから徐々に業務プロセスのデジタル化を行い、いまではビジネスモデル変革に取り組んでいます。

この取り組みをやってみてわかったことがあります。DXは、どんな企業でも進められます。しかし、既存の事業が運営されている現場では、紙やハンコをなくすところから、業務を変え、社風を変え、データを中心に会社を運営していく変化のステップが必要です。

それともう1つわかったことがあります。DXは、特別な技術や知識がなくても始められますが、踏むべきステップには多くの罠が潜んでいるということです。筆者は自身の経験を通じて、多くの人が「できるだけ失敗しなくて済む」知見を得ました。それをまとめたのが本書です。

この本は、多くの方が自身の職場で試せるように、一般的な技術をベースに専門知識がなくても読めるよう構成しました。「DXとは何か？ どう計画し社内に通すのか？ 費用対効果は?」といったビジネスパーソンなら誰しも気になるトピックから、開発にまつわるトピックまで取り上げています。また、海外の先端事例だけでなく、国内のさまざまな事例を紹介しているのも特徴です。

DXに至る過程は1つではありません。企業の数だけその可能性はあります。DXはシンプルにいえば、業務改善とIT化、ITを利用した事業変革です。多くの人が学んでおいて損はありません。「ふつうの企業」でDXを実践した私たちだからこそ語れる、現場目線のノウハウを一緒に学んで行きましょう。

2020年秋

亀田 重幸　進藤 圭

いちばんやさしい
DXの教本
人気講師が教える
ビジネスを変革する攻めのIT戦略

Contents
目次

Chapter 2 企業体質をデジタルファーストにする page 37

Chapter 3 DX時代の開発手法 page 71

Chapter 4 新しいビジネスを生み出すデジタライゼーション page 171

Chapter 5 事例に学ぶ、成功するDXのポイント page 139

Chapter 6 DXの先を見据えて page 161

Lesson page

Chapter 1 DXを正しく理解する

DX、デジタルトランスフォーメーションという言葉には多くの内容が含まれています。まずは正しく理解することから始めましょう。

Lesson 01 [DXの定義]

DXとは何か

このレッスンのポイント

最近よく聞く「デジタルトランスフォーメーション」、略してDX。わかりにくい言葉は、まず正しい意味を知ることが重要です。最初のレッスンでは、本書を読み進めるための基本的な事柄を1つ1つ確認していきます。

そもそもデジタルトランスフォーメーションとは？

世の中には、人々のライフスタイルにまで影響を及ぼすビジネスがあります。たとえばiPhone。発表当初は「全面タッチパネルの携帯電話」「手のひらサイズのコンピューター」など、これまであったものをちょっと形を変えただけかに思われたこのデバイスは、「どこでも誰とでもつながる、手のひらサイズのインターネット」だったのです。このことは人々のライフスタイルを大きく変えました。まさに変革です（図表01-1）。

たとえばAmazon。単なるネット通販書店だったのが、いまや日用品から自動車、動画や音楽などデジタルコンテンツまで何でも買える世界最大規模のオンラインストアとなりました。高い利便性でネットショッピングを身近なものにし、いまでは人々の生活に広く浸透したといっても過言ではありません。

ほかにも同様の例は多くありますが、これらの事例に共通しているのは、ITを駆使したビジネスであること。そしてこれをもたらすのがDX、デジタルトランスフォーメーションなのです。

▶ DXとは 図表01-1

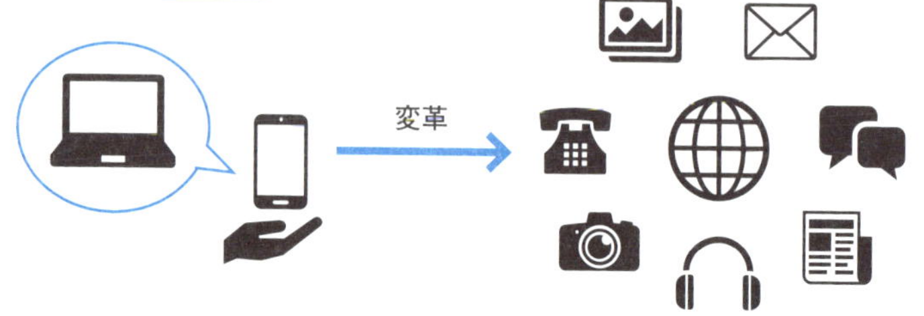

DXを実践するには

DXを実践するには、DXの意味を正しく理解しておく必要があります。経済産業省が2018年12月に発表した「DX推進ガイドライン」によれば、DXとは「企業がビジネス環境の激しい変化に対応し、データとデジタル技術を活用して、顧客や社会のニーズをもとに、製品やサービス、ビジネスモデルを変革するとともに、業務そのものや組織、プロセス、企業文化・風土を変革し、競争上の優位性を確立すること」と定義されています。

一言で表せば、「ITを使って変化を起こし、売り上げや利益を伸ばす仕組みをつくること」といってよいでしょう。

ITを駆使して企業を変革する以上、しっかりした戦略に基づいた実践が必要です。本書では、著者自らがDXを推進して得たノウハウをもとに、DXを社内プロジェクトとして立ち上げて実践する流れにそって、フェーズごとの大切なポイントを丁寧に解説していきます。そのため、本書を前から順番に読み進めれば、著者の経たプロセスを追体験しながらDXを実践できます。

▶ DXのフェーズ 図表01-2

デジタイゼーション	デジタライゼーション	デジタルトランスフォーメーション
アナログデータのデジタル化	**ビジネスプロセスのデジタル化**	**新しい価値の創出**

データを活用することで、新しい価値を生み出すのがDX

コンサルタントでもなく専門家でもない「これからDXを実践しようと考えている人たちが一番知りたいポイント」に絞ってレッスン仕立てで解説しています。

ワンポイント DXを実践するのに必要な知識

DXにはAIやIoTなどの先端知識が必須なように思われますが、使い慣れた技術や知識でも始められます。この後のレッスンは、多くの方が実践できるように一般の職場で手に入る技術をベースに、専門知識がなくても読めるよう構成しました。具体的には「DXとは何か? どう計画し社内に通すのか? 費用対効果は? どうやって開発するのか? AIはどうしたらいいのか?」といった話を1つひとつ解説します。最新技術も知りたいという方のために、最終章には、学んでおきたい最新技術も紹介しているので、本書を読み切ったころには、DXを始める知識が備わっていることでしょう。

Lesson 02

［DXレポート］

なぜいまDXが注目されるのか

このレッスンのポイント

DXはあなたの仕事や事業をデジタル化するだけではありません。ビジネス全体を根底から変革し、いままでなかった働き方や事業、社会のあり方をもたらす取り組みです。なぜいまDXが注目されているのかを理解しておきましょう。

DXが注目される理由①「DXレポート」

日本でDXが注目されるようになったのは、経済産業省の『DXレポート：ITシステム「2025年の崖」克服とDXの本格的な展開』、通称「DXレポート」がきっかけといってよいでしょう。 このレポートでは、図表02-1のようにDXに取り組むことの重要性を説き、もしDXが進まなければ「2025年以降、最大で年間12兆円の経済損失が生じる可能性がある」と警告しています。経済産業省の立場としては、日本企業に危機感を抱かせ、DXの推進を後押ししたいという側面があります。

▶DXレポートのポイント 図表02-1

2025年の崖

・市場の変化に対応できず、デジタル競争の敗者になる
・システム維持管理費がIT予算の9割以上を占める
・システムトラブルやデータ滅失リスクが高まる

DXを実現
↓

2030年の実質GDP130兆円超の押し上げ

「DXレポート」は、経産省のWebサイトで閲覧できる
https://www.meti.go.jp/shingikai/mono_info_service/digital_transformation/20180907_report.html

テレワークを推進するためにも、DXは必須の取り組みといえます。

DXレポートを読み解く

もう少し詳しく見ていきましょう。DXレポートが発表された背景には、政府の危機感があります。その1つは「日本企業はデジタル競争の敗者となってしまうのではないか」ということ。ご存じの通り、GAFAと呼ばれるGoogle、Amazon、Facebook、Appleなど「デジタルの巨人」がデータを活用したビジネスを世界中で展開しています。日本企業はこのデータ活用競争に大きく遅れており、将来の市場の変化に対応できずデジタル競争の敗者になってしまうのではないか、ということです。どの企業でも長年いわれてきたことではないでしょうか。

もう1つはITシステムの老朽化です。約8割もの企業が、古いシステムを抱えているといわれています。よくあるケースとして、古いシステムは長年の継ぎ足しで大きく複雑化しています。また、開発当初の社員がいなくなっているなど中身の見えないブラックボックスになっていることがあります。結果として、長期的に保守費や運用費が高くなってしまい、システム刷新を行う余力どころか企業経営を圧迫する負債になってしまっているのではないか、ということです。このようなシステムを「レガシーシステム」といいます（図表02-2）。経産省の調査によると、レガシーシステムは、保守・運用が属人的となり、継承が困難と考える事業者が6割以上を占めています。

日本のシステム開発は個別個社によいものをつくる「カスタマイズ開発」が多く、できあがったシステムは企業によって異なり、システムの保守、運用ノウハウはほかの企業では使えない知識になりがちです。特に問題なのはシステムのセキュリティです。セキュアなシステムを運用するには、最新の知識と高いノウハウが必須であり、ノウハウが蓄積されにくいレガシーシステムの存在は、高いリスクとなっています。よく聞く情報漏洩事故の背景にもレガシーシステムの影響があるのではないかといわれています。

▶ レガシーシステムによる弊害 図表02-2

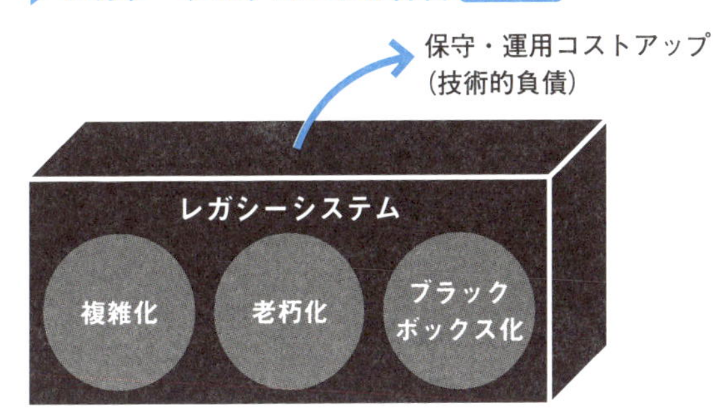

レガシーシステムは、複雑化、老朽化、ブラックボックス化したことで保守・運用コストが大きくのしかかる。このコストを「技術的負債」という

DXが注目される理由②「産業支援として」

DXが注目される2つ目の理由は産業支援としての側面です。経済産業省は、東京証券取引所と共同で、戦略的なIT活用に取り組む企業を「攻めのIT経営銘柄」として選定し、公表しています。そのなかでも日本企業のDXを加速していく観点から「デジタルトランスフォーメーション銘柄（DX銘柄）」や「DXグランプリ」「DX注目企業」を選定し、株式市場のなかでも注目を集める銘柄に育てようとしています。

日本のIT産業は、ECなどBtoCでITサービスを提供するビジネス、SIerやASPのように、BtoBでITサービスを開発し提供するビジネスに大きく分けられます。本来、新しいテクノロジーを武器にして、革新的なビジネスを創出すべきこれらの企業にも、レガシーシステムが足かせとなっています（図表02-3）。

たとえばBtoC企業では、レガシーシステムの保守・運用にリソースを割かざるを得ず、最先端のデジタル技術を担う人材を確保できない課題があります。また、BtoB企業では、レガシーシステムの保守開発の人月商売の受託型業務から脱却できず、新しいサービスに注力できません。

これらのITサービスを利用する一般企業でも、まだ使えているレガシーシステムを切り替えたり、新規事業のための新しい投資を行ったりすることは、経営層や株主の理解を得ることが難しいものです。このような課題を抱えていては、GAFAのような革新的な事業は創出できません。

経済産業省が「攻めのIT銘柄」を使って特定産業への支援を行うのは「ITに投資することはよいことだ」「株式市場でも評価される」というお墨付きを与え、日本企業のIT投資への評価を引き上げる狙いがあります。

▶ IT産業の抱える課題 図表02-3

攻めのIT銘柄などで「ITに投資することはよいことだ」「株式市場でも評価される」という風に世間で評価されていることを、あなたのDXプロジェクトでも忘れずに説明しておきましょう。

DXが注目される理由③「働き方改革に次ぐ施策」

「働き方改革」に次ぐ労働力減少対策もDXの役割として挙げられます。働き方改革は、多様な働き方で老若男女が活躍できる社会の実現に向けた取り組みです。2016年9月より政府主導で始動しました。

「働き方改革」を簡単に説明すると、少子高齢化で減少する労働力を補おうという取り組みで、労働環境を改善して働ける人を増やし、生産性の向上を狙っています。働き方改革を実効性のあるものにするため、働き方改革関連法案が定められました。企業はこの法律に対応するために既存の労働環境を見直して新しい働き方を模索することとなったのです。

さて、「働き方改革」が企業の意識、制度上の改善施策だとすると、DXはその実現のための施策であるといえるでしょう。たとえば、DX以前の働き方改革では、RPA（Robotic Process Automation）が注目されてきました。RPAは「パソコン作業を代行してくれるソフトウェア」で、レガシーシステム上でも稼働し、労働時間削減に役立つツールとなりました。

一方で、図表02-4のようにレガシーシステムの延命ツールとなってしまう側面も持っています。経産省の定義するDXでは、RPAをあえてレガシーシステムと名指ししながら、システムや会社全体のIT刷新も含めた施策を求めています。

個々人の労働時間削減と生産性向上がゴールの1つであった働き方改革。その次の段階であるDXでは、企業として「競争上の優位性を確立すること」、つまり削減した時間を使って「ITを使って変化を起こし、売上や利益を伸ばす仕組みを作る」ことがゴールであるといえます。

▶ RPA＝レガシーシステム延命ツール 図表02-4

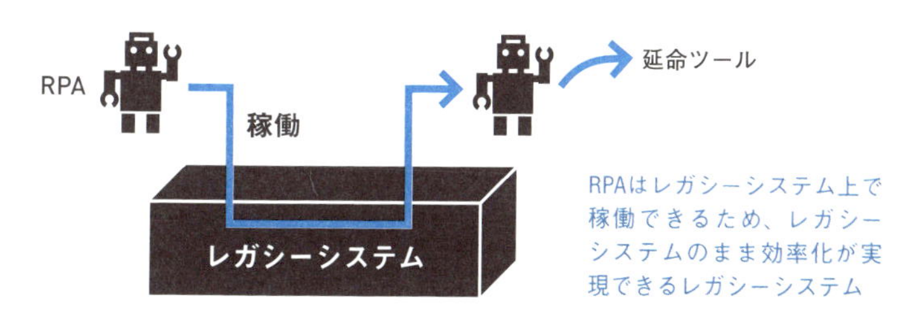

「働き方改革」は企業のなかでなじみのある言葉になりました。DXを語る際には働き方改革とDXを個別のプロジェクトとして推進するのではなく、一体の取り組みとして語ることでスムーズにDXに取り組むことができるようになるでしょう。

Lesson **［デジタルトレンド］**

03 デジタルトレンドを理解しよう

このレッスンのポイント

DXはデジタル技術による変革です。このデジタル技術とは何を指すのでしょうか。このレッスンでは、DXを推進するうえで知っておくべきデジタルトレンドを4つ挙げて説明します。

4つの潮流で起こる「使いにくい」の改善

DXを理解するには、現在のデジタルトレンドを理解する必要があります。そしてデジタルトレンドの裏側には、効率化という動機があります。簡単にいえば、「使いやすくする」ということです。逆にいえば、「使いにくい」と感じるのは、そのシステムがデジタルトレンドに乗り切れていないことでもあります。ここでは、使いやすくするという観点で 図表03-1 に挙げた4つのデジタルトレンド――クラウド、モバイル、ビッグデータアナリティクス、ソーシャルがもたらす変化について見ていきます。

▶ 4つのデジタルトレンド 図表03-1

クラウド

モバイル

ソーシャル

ビッグデータ
アナリティクス

使いやすいシステムを構築する＝DXを実現するには、これら4つのトレンドを押さえておく必要がある

クラウドがもたらす変化

まずはクラウドについて見ていきましょう。たとえば、私たちが普段から利用しているFacebookやGmailなどは、身近なクラウドサービスの1つです。クラウドサービスはインターネット上で提供されているため、PCやスマートフォンなどのデバイスを問わず、また、自宅や職場、あるいは外出先など場所を問わずに利用できるのが特徴です。これに対して、レガシーシステムは多くの場合、職場内にあるPCからしか利用できないケースがほとんどです。このような企業ネットワーク内にあるシステムをオンプレミス（on premise＝建物内）型システムといいます。このオンプレミス型システムは、企業ごとにカスタマイズが施されていることが多く、改善が難しいという点もデメリットの1つです。これに対してクラウドでシステムを構築すると、上述のデバイスや場所を問わずに利用できるという利点のほかに、改善しやすいというメリットがあるのです。通常、クラウドでシステムを構築するには、AmazonやGoogle、Microsoftなどが提供しているサービスを使います。これらのサービスでは、企業ユーザーが使うさまざまな機能があらかじめ用意されており、また、保守運用は提供元が行います。そのため、機能の改善もすばやく、運用コストも少ないのです。

モバイルがもたらす変化

モバイルとは、スマートフォンやタブレットなど、携帯することを前提としたデバイスを指します。多くの人が実感を持っていると思いますが、モバイルデバイスはもはや生活に欠かせず、老若男女問わず使っています。総務省の調査でも、これを裏づけるように60代でもPCよりスマートフォンのほうが利用率が高く、年齢が若くなるほどそれは顕著です。たとえば10代ではパソコンの利用は10%程度ですが、スマートフォンは80%を超え、実に8倍以上もの差があります。
そのため、Webサイトをスマートフォン対応にするのは必須です。これは消費者向けのサービスのみならず、企業内のイントラネットにおいても同様です。社内システムが使いづらく感じる理由の1つはスマートフォンからのアクセスに対応していないことです。

皆さんも「業務システムにアクセスするために職場に出勤する」「出勤してみたが使いにくい画面で途方に暮れる」という悲しい体験をされたことがあるのではないでしょうか。

NEXT PAGE →

ビッグデータアナリティクスがもたらす変化

ビッグデータアナリティクス（ビッグデータ分析）についても多くの方はすでに体験されているはずです。
たとえば通販サイトで「この商品を買っている人はこんな商品も買っています」というような広告に出会うことがあります。これは同じサイトを利用しているユーザーの膨大な購買データをもとに、似た買い物傾向の人が買っている商品を紹介しているのです。このように、大量のデータを分析し、ビジネスに活かすのがビッグデータアナリティクスです。
ビッグデータアナリティクスが活用されるようになった背景には、コンピューターが膨大なデータを安く、早く、的確に分析できるようになったことが挙げられます。これによりリアルタイムに変化するデータまで活用できるようになりました。たとえば現在地や気温などから、ユーザーに次の行動を促すといったマーケティング活動などにもデータは活用できます。図表03-2のように、ユーザーが入力したテキスト、投稿した画像、動画、音声、位置情報など、あらゆるデータを活用することが、これからのビジネスには必要不可欠なのです。
こうしたビッグデータアナリティクスを行うには、紙などのアナログデータをデジタル化し、分析に使えるように整える必要があります。また、リアルタイムでデータを収集し、大量のデータを管理する必要もあります。
また、ビッグデータを活用できる人材も必要です。こうした環境を整えないと、ビッグデータアナリティクスを行うことは難しいでしょう。

▶ ビッグデータから得られるもの 図表03-2

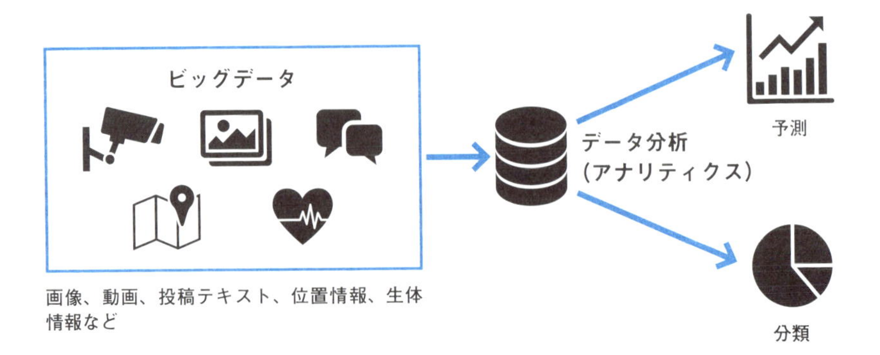

投稿されたデータやIoTデバイスなどから得られた大量のデータを分析することで、事業戦略立案などに活用できる

ソーシャルがもたらす変化

ソーシャルは、SNSなどの友人、知人を通じたコミュニケーションツールを通じたつながりのことです。たとえばメールと比べてみても、SNSを通じたやりとりのほうが反応が得やすいのは実感としてわかるのではないでしょうか。メールよりもコミュニケーションのハードルが低いため、ユーザーとの関係性を築きやすい、情報が拡散されやすいという特徴もあります。誰かが発信したことに対して企業側からアクセスでき、リアルタイムに反応がわかるのもソーシャルならではのポイントです。

SNSが普及し始めたころからビジネス活用は行われてきましたが、ビッグデータアナリティクスでSNS上のデータを活用することで、ユーザーの性別や年齢などターゲットごとに訴求力のある商品開発ができるのです（図表03-3）。

ソーシャルの潮流に逆らって競争力を向上することはできないといっても過言ではありません。

これらのデジタルトレンドを取り入れることで、企業は経営の効率化を図れるだけでなく、商品開発においてもユーザーの声を取り入れやすくなるのです。

▶ ソーシャルから得られるもの 図表03-3

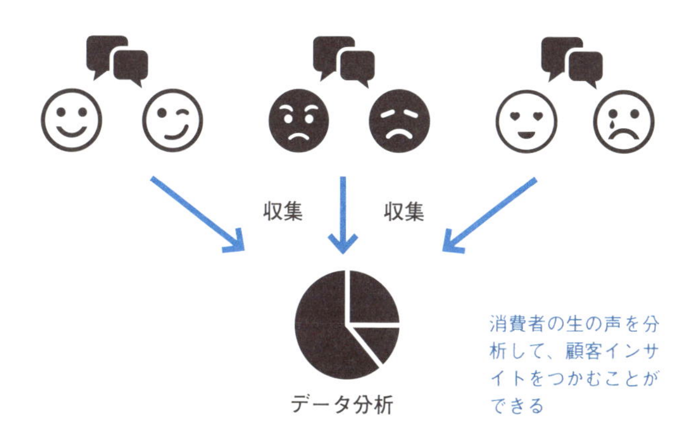

ワンポイント ご利益をわかりやすく示すことが大切

「使いやすくなること」はDXの身近なメリットであり導入の判断軸といえます。DXプロジェクトを実施する場合には、社員も含めた顧客の環境変化に対応した「使いやすさ」を軸に検討を進めていくと、あなたの仕事や事業に何のメリットがあるのかが明確になってくるでしょう。

Lesson 04 [業務改善とIT化]

DXのメリットを考える

このレッスンのポイント

前のレッスンで、デジタルトレンドに乗ることで「使いやすさ」を得られると説明しました。ここでは、「コスト削減、利益率と売上拡大」という観点でDXがいかに貢献するかを見ていきます。

DXによるコスト削減

DXは難しそうなものをイメージしがちですが、シンプルにいえば、業務改善とIT化です。

DXを行うにあたっては、社内プロジェクトを立ち上げますが、そのプロジェクトにおいてまず業務プロセスを見える化し、どこにIT技術を活用するかの設計を行います（図表04-1）。その過程で業務の棚卸を行うため、無駄な業務があぶり出されます。つまり、DXを始める前の段階で、社内業務のスリム化、コスト削減を行えるのです。その後、DXによってIT技術の活用が浸透すると、人間が携わる業務が減っていきます。それによりさらにコストが下がり事業の利益率も向上していきます。

結果として、人員の配置転換が始まります。多くの場合は、よりクリエイティブな業務に人員を割けるようになり、売り上げの向上につながります。

厳密なDXの定義からすると、「そんなのはDXではない」といわれそうですが、まずは多くの企業が恩恵を受けられるシンプルなDXを実践していくことを筆者はおすすめします。

▶ DXプロジェクトのステップ 図表04-1

DX プロジェクト

課題の発見	解決策の立案	実行 { デジタイゼーション / デジタライゼーション
ビジネスプロセスを見える化し課題を見つける	課題をどう解決するか決める	解決策を実行する

基本的には、一般的な開発プロジェクトと同じと考えてよい

新しいビジネスモデルの開発

DX化は、顧客の環境変化に合わせてサービスの「使いやすさ」を追及し、事業の「コスト削減、利益率と売上拡大」を進めていくことです。そしてこのことで、事業やサービスが元来の姿と異なる特性を持ち合わせることがあります。

たとえばNetflix。いまでは動画配信サービスの最大手として知られていますが、1997年の創業から2012年まではDVD配送レンタルサービスでした。こうして始まったNetflixは、ブロードバンド環境が整備されたことに対応してストリーミング配信を開始。「使いやすさ」の改善を繰り返して現在に至っています。コストのかかるDVD配送レンタルサービスを、徐々にストリーミングに移行するIT化で「コスト削減、利益率と売上拡大」を繰り返し、最終的には巨大ビデオレンタルチェーンである「ブロックバスター」を破産に追い込み、ストリーミング配信の王者といわれるほどの成長を果たしました。DXによって事業やサービスが元来の姿と異なる特性を持ち合わせてビジネスモデルの変革を遂げた好例といえるでしょう。

Netflixとストリーミング配信でもしのぎを削るAmazonも同様です。Amazonはもともと「書籍の通販サービス」でした。書籍の通信販売から顧客の「使いやすさ」の改善を繰り返し、今や書籍だけでなく食品などを含めた約3億5,000万品目を扱い、そのなかには即日品物が届くものもある驚異のサービスに成長しています。

Amazonは、顧客の「使いやすさ」をIT技術によって実現しましたが、「コスト削減、利益率と売上拡大」の役割を果たしてきた技術は、それ自体が新しい事業となってAmazonの成長を支えています。たとえばAmazonの倉庫は、フルフィルメントセンターとして、外部の企業がAmazonで商品を売るときの物流センターとしても機能しています。高度にIT化された倉庫は、注文処理から配送まで自動化、効率化されており、外部企業が自前で物流を管理するよりも低コストで運用できるのです。

また、Amazonが自社で構築したクラウドもAmazon Web Services（AWS）として外部企業に提供されています。2019年12月期の業績では、元来の通販商品売上高は13.0%増の1,604億ドル、AWSを含むサービス売上高が32.0%増の1,201億ドルと、通販企業から、Webサービス提供企業に姿を変えつつあります。DXによって、事業やサービスが元来の姿と異なる姿に変わってしまった企業といえるでしょう。

これらはDXに取り組む際のビジョンとして語っておくべきストーリーといえるでしょう。

Lesson 05 [デジタイゼーション、デジタライゼーション、DX]

デジタル化には段階がある

このレッスンのポイント

DXとはいえ、要はITでしょ？と思っている人も多いでしょう。その通りです。DXはデジタル化の進化過程の表現です。DXと一緒に語られることも多い「デジタイゼーション」「デジタライゼーション」を学んでいきましょう。

データをデジタル化する「デジタイゼーション」

DX、デジタルによるビジネス変革を目指すには、まず紙などで管理しているアナログデータをデジタルデータにする必要があります。このことを、「デジタイゼーション」(Digitization) といいます。
企業内には紙の稟議書を回覧して、ハンコを押していく、といった作業があります。これをペーパーレス化することがデジタイゼーションです。DXの前にどの企業もこのデジタイゼーションを体験することになります（図表05-1）。
たとえば、Wordでつくった書類を印刷して関係者で回覧する業務があります。これをデジタイゼーションすると、Wordでつくった書類をWordファイルのままメールで回覧する、となります。

▶ デジタイゼーションとデジタライゼーション、DXのステップ 図表05-1

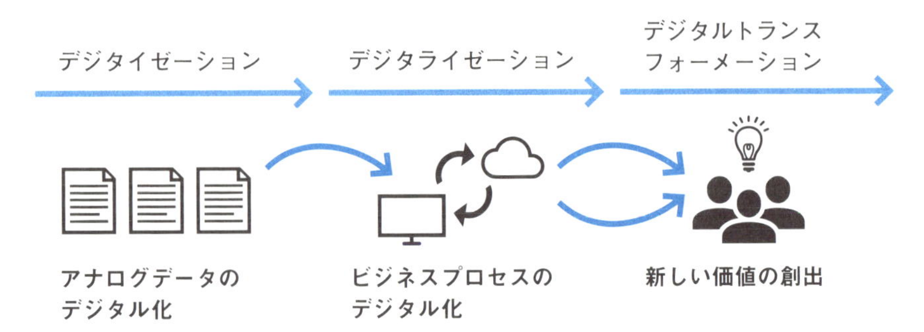

アナログデータを使ったプロセスが多く残っている場合は、デジタル化（デジタイゼーション）から行い、ステップを踏んでDXを目指す

プロセス全体もデジタル化する「デジタライゼーション」

デジタイゼーションで生み出されたデータを利用してビジネスや業務全体を効率化することを「デジタライゼーション」（Digitalization）といいます。アナログ作業が多く残るなかを一足飛びにDX化するのは難しく、この2つの過程を経てDXの下地をつくることが有効です。

たとえば、文書をメールで一斉送信するのではなく、クラウドにアップするとどうでしょうか。送信されたメールをチェックして返信するというプロセスが、クラウド上でチェックマークを入れるというプロセスに変わり、手順が効率化します。

このようにデジタイゼーションで手に入れたデータでいかに業務プロセスやサービスを効率化するか、というのがデジタライゼーションが担当する部分です。

まったく新しい価値を生み出す「DX」

DXは、デジタライゼーションを通じて業務を変え、ついには新しい価値を生み出してしまうことをいいます。

たとえば、自社で行ったデジタライゼーションで、回覧文書のクラウド承認システムを構築したところ、これがとても使い勝手がよかったので、新規事業として外部に提供した、というのがDXとなります。自社のビジネスモデルを変革し、顧客の行動様式まで変えることに成功したといえるでしょう。

Netflixの場合で見てみると、DVDをオンラインで配信する仕組みにしたことがデジタライゼーションといえます。しかしNetflixがここまで伸びたのは、それだけが理由なのではありません。巨額の制作費をかけた高クオリティの作品を次々に配信し、これまでテレビや映画館が担っていた役割を奪ってしまったのです。これはまさしく変革といえるでしょう。これはNetflixのビジネスモデルがいかに高収益かということを物語っています。そしてこの収益を支えているのがサブスクリプションモデルです。サブスクリプションモデルとは、定額課金によって収益を得るビジネスのことで、消費者が毎月一定額を払い続けてでも利用したいと思えるような魅力的なサービスを提供できなければ成立しません。デジタライゼーションによって社内リソースを最適化したことが、このような魅力的なサービスを生み出す原動力になりうるのです。

Lesson [DXの始め方]

06 DXのアクションを起こすには

このレッスンのポイント

前のレッスン5で、DXにはデジタイゼーション、デジタライゼーションという段階があることを説明しました。このレッスンでは、具体的にどうやってアクションを起こせばよいか説明します。

DXは小さく始める

DXを始めようとして最初にぶつかる障害は、開発力でもなく予算でもなく「周囲の無理解」です。DXを始めようとすれば「DXって何なの？」「またIT改革でしょ？」といった声を受けることは間違いありません。

あなたの周囲の人は「新しいことは不安」「効果があるのかわからない」「そもそもDXってなんだろう」という状態なのです。DXに限らず、新しいことには「やりたい人」と「それ以外の人」に大きな温度差があるのは当たり前ですね。しかしその状態のまま、会社全体を巻き込むようなDXプロジェクトを始めるのは難しいのが現実です。

DXプロジェクトを始める際は、デジタイゼーションで「周囲の理解を得る」、デジタライゼーションで「組織の理解を得る」、DXで「経営の理解を得る」というように段階を追って進めていくことがおすすめです（図表06-1）。

▶ DXは小さく始める 図表06-1

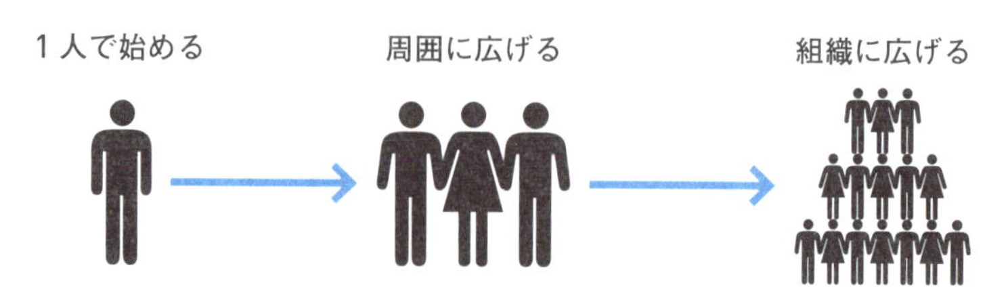

まずやりやすい部分からデジタル化を行うことで、自然とDXへの理解が広がり、深まっていく

自分と周りの仲間から変える「小さなデジタイゼーション」

DXをやりたい、でもまだ何も始まっていない、そんなあなたに最初におすすめしたいのは「小さなDX」です。これは、自分や自分の周囲10メートル程度の同僚からデジタル化、デジタイゼーションしていく方法です。

このデジタイゼーションは、「捺印」や「アンケート収集」といった、個人や小さなチームで行っているアナログな業務の自動化のことをいいます（図表06-2）。

この小さなデジタイゼーションは、目的を持って行うことが大切です。図表06-3に挙げたように、具体的なアウトプットとして何が得られればゴールかを関係者と共有して進めましょう。

▶ 小さなデジタイゼーションの例 図表06-2

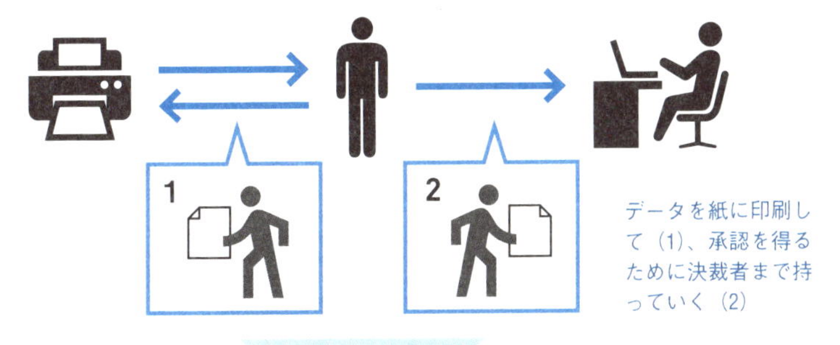

データを紙に印刷して（1）、承認を得るために決裁者まで持っていく（2）

デジタイゼーション

データをそのまま電子メールで決裁者まで送信する（1）

▶ 小さなデジタイゼーションで得られるアウトプット 図表06-3

- **アナログデータをデジタル化するための手段**
  どのようにデジタル化すればよいか
- **デジタル化したデータの管理方法**
  どこに保存し、誰がアクセスできればよいか
- **デジタル化する余地のある業務**
  どの業務のどのプロセスがデジタル化できるか

業務を変える「お試しデジタライゼーション」

「小さなデジタイゼーション」ができたら、範囲を広げてデジタライゼーションを行います。範囲を広げるというのは、関係者や使用するツールを広げるということです。ここではこれを「お試しデジタライゼーション」と呼びます。これも「小さなデジタイゼーション」と同様に、ゴールを決めて行うのが肝要です。
たとえば 図表06-4 のようにメールのやりとりをやめてクラウドにアップする方法に切り替えてみる。また、社内PCからだけでなく、スマートフォンやタブレットデバイスからもアクセスできるシステムに切り替えてみる。といったように、プロセス自体を効率化するにあたって、どのようなツールを使えば実現できるか、どのような業務に適用できるか、といったことをアウトプットできるようにします（図表06-5）。

▶ デジタライゼーションの例 図表06-4

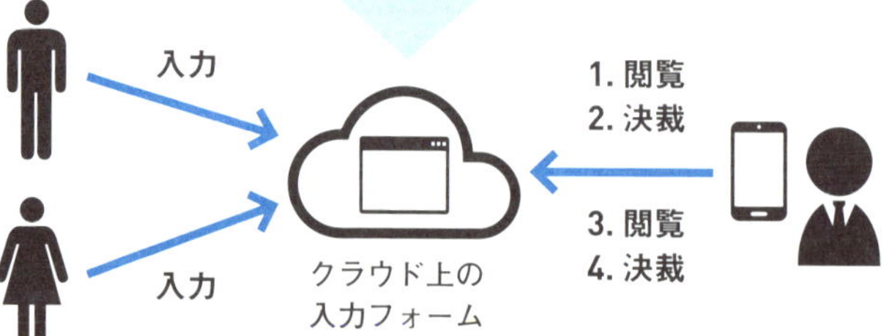

▶ お試しデジタライゼーションで得られるアウトプット 図表06-5

- **デジタライゼーションツール（SaaS）への知見**
  どのように業務にどのようなツールを使うことができるか
- **デジタル化する余地のある業務**
  どの業務のどのプロセスがデジタル化できるか

会社全体にデジタライゼーションを広げる

「小さなデジタイゼーション」と「お試しデジタライゼーション」でアウトプットを得られたら、本格的に進めるための材料はそろったことになります。DXは前述のように社内プロジェクトとして進めるため、しかるべき承認を得なければなりません。このあとの第2章で詳しく説明しますが、自社のビジネスプロセスの、どこをどうやってデジタル化していくかを企画書としてまとめるために、ここで得たアウトプットが必要となります。

会社全体に広げるといっても、やはり小さくスタートするのが原則です。現実問題として、すべてのビジネスプロセスを一度にデジタル化するのは不可能といえます。要は、会社全体としてDXへの道筋をつけることが重要で、会社規模で「小さなデジタイゼーション」「お試しデジタライゼーション」とステップを踏んでいくようにしましょう。優先順位をつけて、コスト体質の部門があればそこからデジタル化に着手するとか、あるいは売上に直接関係する部門からでもよいです。会社としてのプロジェクトとすることで、全社レベルで課題を見つけやすくなり、結果的に大きな成功につながります。

まずは、会社の体質をデジタルファーストに改善することをゴールにするとよいでしょう。

DXを実現する

会社全体でデジタライゼーションできると、自社のビジネスだけでなく、人々のライフスタイルまで変革をもたらします。つまりDXの実現です。GAFAレベルの規模とはいかないまでも、自社のビジネスプロセスが効率化したことにより、生産性が上がり、そのまま消費者に還元されるはずだからです。人々のライフスタイルに新しい価値を与えられていないのならば、デジタライゼーションは道半ばといえるでしょう。

新しい価値を与える。これは消費者に対してだけでなく、自社の従業員に対しても同様です。デジタイゼーションやデジタライゼーションによって、業務効率が上がることは、そのまま自社の従業員にとっての新しい価値となります。このことからも、DXを成功に導くポイントは、小さく始めて、段階を追って広げていくことだとわかります。

ここまでたどり着く企業は少ないでしょうが、本当のDXといえる成果を手にするでしょう。

Lesson 07 [DXの罠]

DXのハードルを知っておこう

このレッスンのポイント

まだまだ歴史が浅いDXですが、取り組むにあたっては多くのハードルを乗り越えなければなりません。ここでは失敗する原因を「壮大すぎる」「自前が大好き」「広がらない」の3つに分けて、それぞれから学びを得ていきます。

「壮大すぎる」を避ける

まず多くの人が引っ掛かる罠が「壮大すぎる」です。プロジェクト準備中に「スローガン」「DX専任組織」「分厚い計画書」を見かけたら要注意です。
多くの企業ではまだハンコやFAXといったアナログなツールが残っています。そんなアナログ業務のデジタル化さえ進んでいない企業で急に「DXで顧客体験を変革するのだ」などという意思決定がなされることがあります。1年近くをかけて分厚い計画書を用意し、「DX推進課」のような部署が数年かけて検討を行ってみたものの「こんな机上の計画に乗れるか」「ウン億かかる」というように予算の獲得すらうまくいかないといった事例を多く耳にします。
スローガンとして「DX」を唱えることは理解できますが、まずやらなければならないのは、デジタイゼーションです。いま動いているアナログ業務、たとえば「ハンコを押す作業をクリックで承認できるシステムにする」のように、小さく始めることによって「効果出てるね」「この辺もデジタル化してよ」というように、DXプロジェクトは動き始めます。

あなたがこの罠にハマらないようにするためには、最初の一歩を小さく、意図的に成功させることを意識してプロジェクトに取り組んでいくのがポイントです。

レガシーシステムを再生産しない

次が「自前が大好き」です。DXプロジェクトを開始した際に「ウチは変わってるから」「自社システム」「オンプレ」という言葉を見かけたら要注意です。

DXが提唱される大きな理由の1つであるレガシーシステムは「企業独自のカスタマイズ」と「受託開発による保守」で、更新できないことが大きな問題であるとレッスン2で説明しました。DX化するためのプロジェクトが始まると、丹念なヒアリングに基づき「自社に合わせた独自のシステム」が提唱され「開発企業による内部駐在型の開発」がスタート、「セキュアだとされるオンプレ環境」にシステムを置いてDXが完成した、という事例がよくあります。しかしこれではレガシーシステムの再生産となるだけです。

たとえば、DXプロジェクトとして社内の申請システムを自社開発したり、パッケージをカスタマイズする計画はよくあります。しかし、経費精算などの事務作業はどの会社でも同じ流れです。すべてのシステムを自前やパッケージのカスタマイズで開発する必要はないのではないでしょうか。

レガシーシステムを再生産しないためには、そういった他社と共通する業務はSaaSを活用するのがポイントです。SaaSとはWebからアクセスして利用する外部サービスのことで、これを使うことでブラックボックス化を防ぎ、またモバイル環境からも利用しやすくなります。

新規事業のように全社に広げる

最後が「広がらない」パターンです。DXが「ある部署だけ」「ある業務だけ」という状態を見かけたら要注意です。

デジタイゼーション、デジタライゼーションは部署単位や業務単位で進められますが、そこから新たな価値を生み出すDXに到達するには、全社に「広げる」必要が出てきます。

変革に取り組むDXには大きなエネルギーが必要となります。企業には企業ごとの文化や成功体験があり、時にはそれが足かせとなってDXが進まないこともあるでしょう。

たとえばNetflixのように「DVD配送業からデジタルストリーミング配信事業にトランスフォーメーションする」というような判断を部署単位で行うことは難しいものです。またたとえ判断できたとしても、実行するには人材や経営資源が必要となります。そのため、DXを行うには、経営層から現場の隅々まで、プロジェクトが広がらなければ難しいでしょう。

この罠に陥らないためには、「自社の成功体験や文化に乗っかって全社展開できる方法」を意識して、「新規事業を考えるように」プロジェクトに取り組んでいくのがポイントです。

Lesson 08 ［テレワークとDX］

いつDXに取り組むか

このレッスンのポイント

DXに取り組むタイミングは早ければ早いほどよいといえます。レッスン2で説明した「2025年の崖」というのは1つの目安ですが、テレワークが推奨されるいまこそ、DXに取り組む最適の時機です。

待ったなしのデジタライゼーション

すべての会社がDXを目指すべきとは思いません。デジタイゼーションだけで十分効果が見込めればそこまででもよいでしょう。ただ、デジタライゼーションまでは早い段階で済ませておくべきです。なぜなら、今後テレワークが定着したときに仕事がまわらなくなるからです。テレワークへの取り組み姿勢がその企業の価値を左右するという状況になることもありえます。テレワークのベースはデジタライゼーションです（図表08-1）。投資判断や人材獲得のためにもデジタライゼーションを進めましょう。そのため、アナログデータのデジタル化（デジタイゼーション）はすぐにでも取り掛かりましょう。デジタル化したデータはどこからでもアクセスできる状態にしておけば、これを活用するのは比較的簡単です。

▶ テレワークとDX 図表08-1

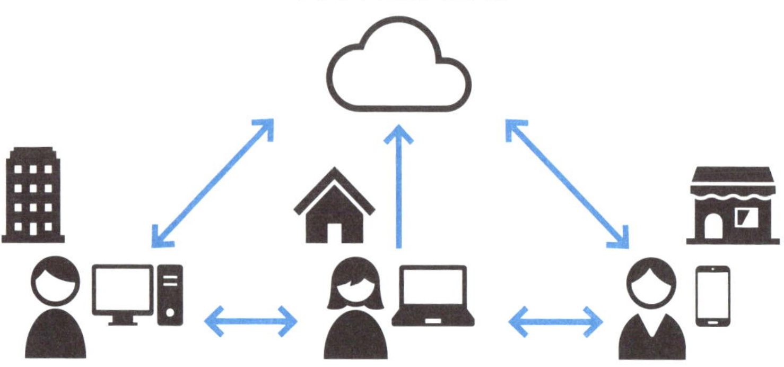

テレワークは、場所のつながりではなく人のつながりで働くこと。そのためにはデジタル化は必須

自社がどういう状況か把握する

DXを進めるにあたって、自社のデジタル化の状況を把握することは大切です。レッスン6で解説した「小さなDX」などに取り組む際にも把握できますが、自社を見回して、FAX、紙などのアナログツールを使って業務を進めている人が会社の大半を占める場合はデジタイゼーションから始めましょう。アナログ情報がどれだけデジタルに移行したかの移行率と、それによって得られた工数削減効果が目標となっていき、小さいながらも確実な効果を得やすいでしょう。

もし顧客とのやりとりのほとんどをチャットやメールで行っている場合は、それらのデータを活用できないかを考えましょう。また、社内システムにさまざまなデータを入力している場合も同様です。これらのデータをビジネスプロセス上で活用することがデジタライゼーションです。これも業務フローの統合により得られた工数削減効果が目標となります。難易度は中程度ですが、大きな効果を得られるでしょう。

そしてデジタライゼーションができたら、浮いたコストや時間を使って新しいビジネスモデルや新しいサービスの提供に着手しましょう。このパターンは、会社の事業を見直し、自社の強みになっている業務をより広げていくにはどうするかを考えるところから始まります。デジタル化で効率化は一段落していることが多く、データの分析や経営上の意思決定が必要になり難易度が高いですが、ライフスタイルを一変するようなおもしろい仕事に集中できるでしょう（図表08-2）。

▶ デジタライゼーションによって新しい価値を生む 図表08-2

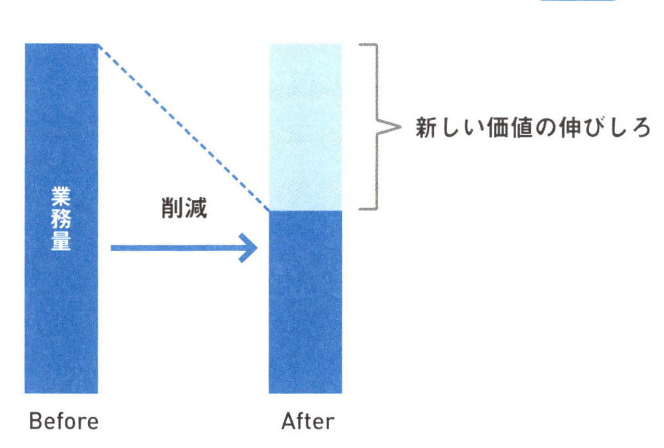

デジタライゼーションによって削減できた業務量、作業時間は、そのまま新しい価値の伸びしろとなる。取り組みが早ければ早いほど、この伸びしろが大きくなる

Lesson [アーリースモールサクセス]

09 小さく早い成功を積み上げよう

このレッスンのポイント

DXは、一見するとわかりづらく、また実体が見えづらい概念であり、取り組みです。そのため、小さくてもよいので、こまめに社内で成功体験を共有していく「アーリースモールサクセス」を意識することが肝要です。

アーリースモールサクセス型DXとは？

DXを推進するにあたって筆者がおすすめするのは「アーリースモールサクセス型DX」という概念です。アーリースモールサクセス型DXとは「小さく早い成功」を目指すIT化プロジェクトのことです。レッスン6で説明したことは、アーリースモールサクセスの考え方に基づくものです。まずは小さいところから始めてみる。成功事例をつくりやすいところから始める。あなたの職場が「全然だめだ、まだハンコが残っている」とするならば、ハンコをなくすというデジタイゼーションでもよいでしょう。小さな成功をすばやく積み重ねて、業務フロー全体をデジタル化するデジタライゼーションに移行すればよいのです。

アーリースモールサクセスというのは、なにもDXに限った話ではありません。実際に筆者がこれまで携わってきた大小さまざまなプロジェクトすべてにおいて、その有効性を実感しています。たとえばロケット開発のような巨大プロジェクトでも、最初は小型のプロトタイプで実験し、検証を繰り返しながら本開発を行います（図表09-1）。それと同じように、小さな成功体験を積み重ねてプロジェクト自体を大きく成功させましょう。

どんなプロジェクトでも使える勝ちパターンを身につけましょう。

デジタル化で何が起こるかを共有する

議論や重厚な計画をするのに時間が使われ、多くの会社でDXがなかなか始まらないのは「デジタル化で何が起きるか」がイメージできていないからです。小さな成功を早く見せてしまえば「デジタル化で何が起きるか」が見えるようになります。

重厚な計画が悪いわけではなく、議論もあってよいと思いますが、小さく早い成功モデルの現物を見ながら進めていくほうがスピーディにDXに向かって議論や計画ができるのではないでしょうか。

たとえばDXの事例としてよく取り扱われるUberやAmazon、Netflixが、意識して現在のDXのお手本といわれる事業になったかといえばそうではありません。彼らがスタートアップとして「少人数で事業をまわし最も大きな効果を得られる方法は何か」を小さく早く改善し続けた結果が、高度にIT化された事業運営であり、「ユーザーに対して最も価値を与えられるサービスの価値は何か」を小さく早く改善し続けた結果がDXに至っているというだけのことなのです。

「デジタルツールで事業を効率化して、その結果、新しい事業モデルが生まれることもある」くらいに割り切って、早く小さく始めるアーリースモールサクセス型DXを目指しましょう。

▶ デジタル化で起こること 図表09-1

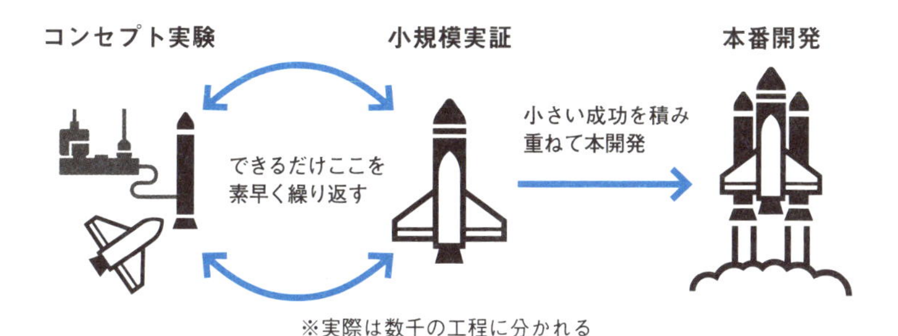

「小さなデジタイゼーション」、「お試しデジタライゼーション」をそれぞれコンセプト実験、小規模実証に置き換えて、本開発に挑む

「DX は何か」の議論をしている時間で先に進むことができるでしょう。

COLUMN

10分でわかったつもりになる「リーンスタートアップ」

アーリーサクセスの考え方のもとである「リーンスタートアップ」についてちょっと話をしてみましょう。リーンスタートアップはざっくりいうと「高速版PDCA」の発想です。インターネットやテクノロジーの発展スピードが上がっていることを背景に、サービス開発は「アイデアの検証と判断のスピードが肝である」という考え方がベースになっています。リーンスタートアップに必要なのはたったの3つです。1つ目はスモールバッチ、小さくつくるということです。2つ目はMVP（Minimum Viable Product）、最も価値があるものから試すこと。そして3つ目は革新会計と方向転換です。すなわちボリュームではなく、成功率で測ってうまくいかなければ早く変え改善を繰り返して、成果を大きくするということです。

リーンスタートアップの例として最も有名なサービスであるTwitterは、紙のスケッチでプロトタイプをつくりました。Grouponはブログから始まりました。Dropboxは利用イメージの動画しかありませんでした。スタートアップのアイデアは理解されにくいものですが、彼らはリーンスタートアップをうまく活用してユーザーを獲得するアーリースモールサクセスを達成し大きく成長したのです。

DXに話を戻しましょう。壮大なDXの仕様書を議論をして時間をかけてつくるのではなく、自分と周りの仲間から変える「小さなデジタイゼーション」を試すことで、周囲の理解を得ながらDXを進めていく。これがスモールバッチです。「メールからのデータ入力が面倒」なのであれば、困っている仲間のために「フォームに入力するMVP」をつくってみましょう。たくさんのユーザーで試す前に仲間にインタビューをして、その場で方向転換や改善をして、上手くいく見込みが立った段階で成果を拡大をすればよいのです。スタートアップの事業同様、壮大になりがちなDXですが、小さな成功が見せられれば、急速に走り出します。

DXは考えるとキリがないほど壮大になり、手がつけられなくなります。複雑に大きなことをやるよりも小さく試しすばやく成功させる「論より証拠」なリーンスタートアップの考え方がぴったりなのです。

Chapter

2

企業体質をデジタルファーストにする

この章では、DXプロジェクトを推進するための計画書づくりを通じて、企業をデジタルファースト体質にしていきます。

Lesson ［デジタルファースト］

10 デジタルファーストな体質づくりに向けた準備

このレッスンのポイント

DXを実現するためには、「デジタルファーストな企業体質」が不可欠です。まずは、アナログな業務をデジタル化して、一歩ずつ企業全体をDXへ向けていくための考え方を説明します。

ペーパーレス化に取り組もう

第1章で解説したように、DXはデジタルを活用して新たなビジネスを生み出すことです。
そのための第一歩としてやるべきことは、いわゆるペーパーレス化です（図表10-1）。皆さんが普段行っている紙を使った仕事を極力減らしてみましょう。WordやExcelで作成した文書をわざわざ紙に印刷しているのなら、WordやExcelのファイルのまま扱うようにしましょう。紙の請求書が送付されてきたなら、スキャンしてPDFにしましょう。OCR機能を使えば、PDFからテキストデータを抜き出し、さらに請求日、支払先、金額、消費税、といった属性ごとにデータを振り分けることもできます。こうするだけで、入力の手間やミスも軽減され、空いた時間をより生産性の高い別の業務に割り振ることも可能です。このようにペーパーレス化を推し進めることでコストが削減されるだけでなく、新しいビジネスを生み出す原動力につながるのです。ペーパーレス化は、アナログデータをデジタルデータに変換するデジタイゼーションといえます。

▶ ペーパーレス化は生産性を高める 図表10-1

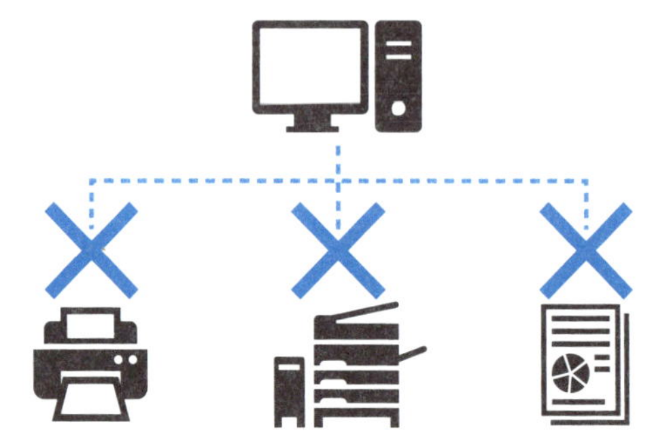

ペーパーレス化はわかりやすいため、取り組みやすいデジタル化の1つ。ペーパーレス化というと簡単そうだが、実はプロセス自体をペーパーレス仕様にする必要もあるため、デジタル化のとっかかりとして最適

デジタルファーストの土壌を培う

デジタルファーストとは、デジタル化に取り組む姿勢のことです。デジタル化に向けて取り組むには全社的にテクノロジーへのリテラシーを高めて、さらに具体的なデジタル化のメリットを共有する必要があります。DXがどんなものか、どんなメリットがあるのかを共有するには、まず自分の会社がどのようなプロセスで売り上げを立てているのかを知って、そのプロセスをデジタル化するのが近道です。

たとえば新規顧客の開拓プロセスで、電話営業が大きな割合を占めていたとしましょう。電話営業は、飛び込み営業に比べれば数をこなせる一方、相手にとっては時間を奪われたり、そもそも興味がなかったりして即座に断られるケースがほとんどです。であればこの顧客開拓プロセスをデジタルを駆使して効率化することを考えるのです。相手の時間を奪わずに営業するにはメール配信が有効でしょう。また、相手の興味に応じた広告をSNSで配信することもできます。こうして解決策が見つかったら、そのためには何が必要かを考えます。「メールアドレスを集めるには……」「SNSでお客様とつながるには……」など、課題が可視化されることで、デジタルファーストの土壌が培われていくのです。

ユーザーの使いやすさを重視する

前述したようにプロセスをデジタル化していきますが、そこで大事なのはユーザーの使いやすさを重視することです。

たとえば、デジタル化の一環として営業支援システムを導入したとしても、システムの画面が入力しにくかったり、画面が表示されるのにしばらく時間がかかったりしたらどうでしょうか。そんなシステムは誰も使いたがりません。ユーザーが使ってくれなければ、デジタル化の恩恵であるデータが十分に集まりません。これではデジタイゼーションのステップでとん挫する結果となり、その先のデジタライゼーションは遠い先の話となってしまいます。

業務をデジタルに置き換えていくときには、ユーザーの使いやすさに着目してシステムの改善策を実施するのがポイントです。ユーザーが使わなければ、データさえ集まらないのです。

データはビジネスの原動力です。

Lesson 11 [DXプロジェクト]

DXプロジェクトの全体像

このレッスンのポイント

DXは、すぐにできるものではありません。デジタルファーストな企業体質をつくりながら、具体的な計画を立てて取り組む必要があります。このレッスンではDXを社内事業として行うためのプロジェクトの全体像を解説します。

DXまでのフェーズ

レッスン5のおさらいになりますが、通常は 図表11-1 に表した3つのフェーズでDXを実現します。
最初のフェーズはアナログデータをデジタル化するデジタイゼーションです。主に紙などアナログな媒体で管理されている情報をデジタルデータとして扱えるようにします。次のフェーズは、デジタイゼーションで得たデータを業務プロセス上で活用するデジタライゼーションです。これら2つのフェーズを経て到達するのが、DXです。蓄積されたデータを分析したり、デジタライゼーションされた業務を生かして新たなビジネス上の価値を生み出すことです。

▶ 3つのフェーズ 図表11-1

デジタイゼーション	デジタライゼーション	デジタルトランスフォーメーション
アナログデータのデジタル化	ビジネスプロセスのデジタル化	新しい価値の創出

デジタルを用いて、新しい価値の創出を目指す

デジタル化はDXの途中過程です。

DXプロジェクト全体の流れを確認する

DXは、効率化の結果として意図せず実現するケースもありますが、意識的に取り組むのであれば予算化して事業としてステップを踏んでいくのがよいでしょう。本書もその前提で解説していきます。事業として取り組むDXを、本書ではDXプロジェクトと呼びます。

DXプロジェクトのゴールは、事業としてDX予算を得て、デジタイゼーションとデジタライゼーションを実行することです。このプロジェクトは 図表11-2 の工程で進めます。

まず行うのは、自社の業務プロセスの把握です。各部門がどのような業務をどのようなプロセスで行っているのか、会計年度単位で、半期、四半期、月次、日次、など期間ごとに把握していきましょう。そのなかでデジタル化の余地がある業務プロセスを見つけてリスト化していきます。このリストをもとに、優先順位をつけるのが次の工程です。優先順位のつけ方は会社ごとに異なりますが、たとえば自社の競争力となっているプロセスかどうか、といった物差しが考えられます。そのデータを活用することで得られる価値を考える、ということです。そういった工程を計画書としてまとめ提案し、社内で稟議を得ます。この計画書には工程ごとのスケジュールやコストも明記する必要があるでしょう。そして承認を得た計画書をもとに、デジタイゼーション、デジタライゼーションを実践、そしてDXを果たすのがプロジェクトの全体像です。

▶ 全体のフロー 図表11-2

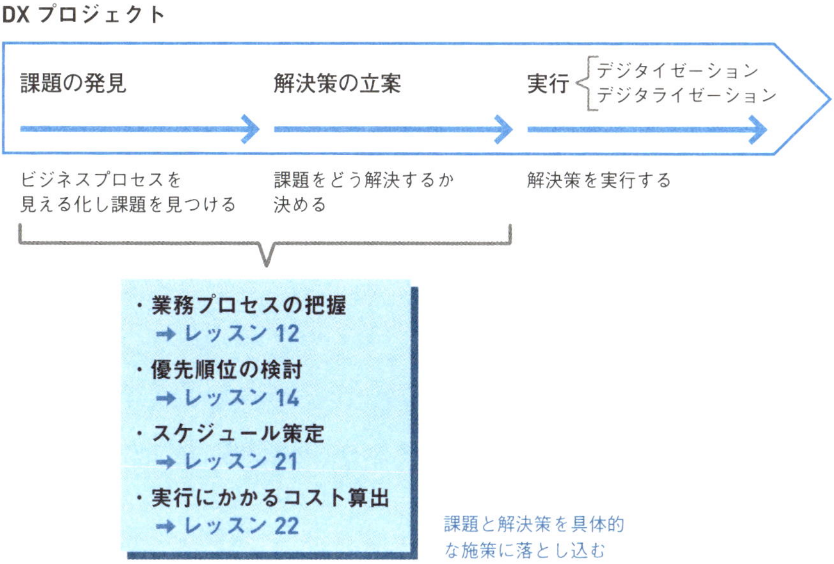

DX プロジェクト

課題の発見 → 解決策の立案 → 実行 {デジタイゼーション / デジタライゼーション}

- 課題の発見：ビジネスプロセスを見える化し課題を見つける
- 解決策の立案：課題をどう解決するか決める
- 実行：解決策を実行する

- ・業務プロセスの把握 ➜レッスン 12
- ・優先順位の検討 ➜レッスン 14
- ・スケジュール策定 ➜レッスン 21
- ・実行にかかるコスト算出 ➜レッスン 22

課題と解決策を具体的な施策に落とし込む

業務プロセスを把握する

計画書をつくるには、どこからデジタル化するかを決める必要があります。まずは社内の業務を把握するところからスタートです。大きな流れは 図表11-3 に表した通りですが、まず部門ごとのビジネスプロセスをビジネスモデル図で整理します。ビジネスモデル図には、部門で使っているシステムがあればその概略も記載していきます。その後、業務の詳細を各部門にヒアリングしていきましょう。ヒアリング結果からデジタル化するプロセスをまとめ、システムマップを作成していきます。最後に、社内にある既存デジタルデータを把握すれば準備完了です。

▶ 業務プロセス把握の流れ 図表11-3

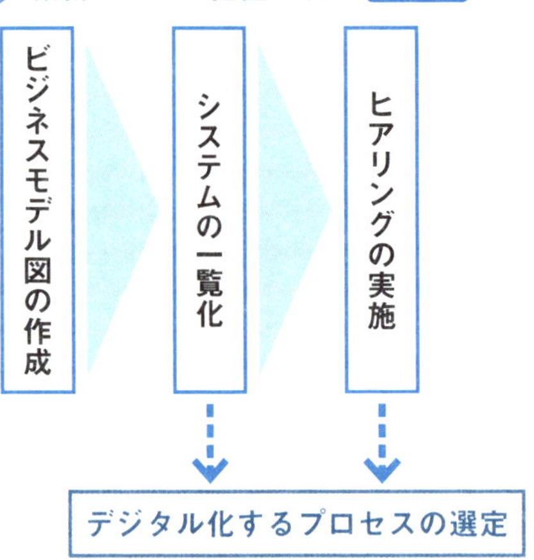

ビジネスモデル図を作成し、各プロセス上で使われているシステムを把握。併せてヒアリングを実施して、どのプロセスを改善するかを選定する

計画書を作成する

計画書は、単なる工程表ではありません（図表11-4）。DXまでのフェーズがわかるのはもちろんのこと、各フェーズをどのように進めるのか、その先にどのような未来が待っているのか、どんなビジネス価値が生まれるのかを社内のあらゆる立場の人に伝わるように作成します。

▶ 計画書の内容 図表11-4

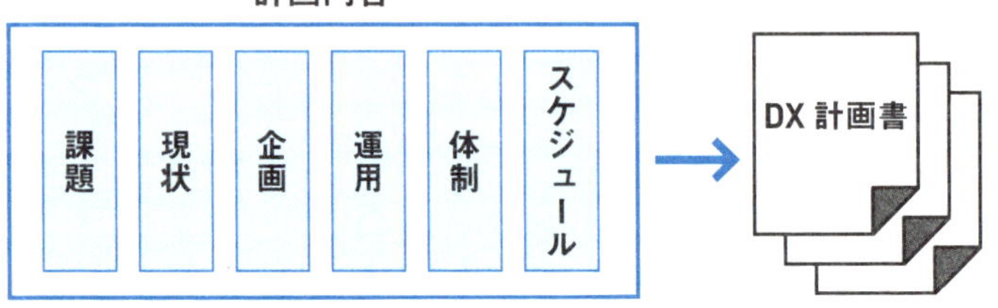

ビジョンを示し、そのために何が必要かを共有する

提案するときのポイント

DXプロジェクトを事業化するために最後に行うのが経営陣への提案です。言い方を変えれば予算を確保するためのプレゼンです。計画書を丁寧に説明するだけでなく、限られた時間で、実現可能な計画であると思わせなければなりません。詳しくはレッスン23で解説しますが、基本的には 図表11-5 のようなポイントを押さえてプレゼンしましょう。

▶ プレゼンのポイント 図表11-5

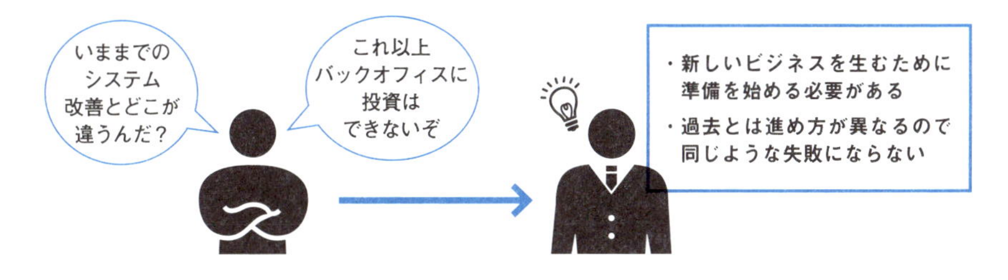

チームでプロジェクトを実施する

計画書が承認されたら、チームを結成してDXプロジェクトを実施していきます（図表11-6）。デジタイゼーション、デジタライゼーションを行いますが、これらは明確に切り分けられないケースが多々あります。デジタルデータ化は、ビジネスプロセスのなかで行われることが多いためです。いずれにしても、ビジネスプロセスを効率化し、新しい価値を生み出すことがゴールです。そのビジョンを忘れずにプロジェクトに取り組みましょう。計画書が承認されたということは、ビジョンは共有できているはずです。それはデジタルファーストな体質に生まれ変わりつつあるということです。

▶ 計画が承認されたあとの流れ 図表11-6

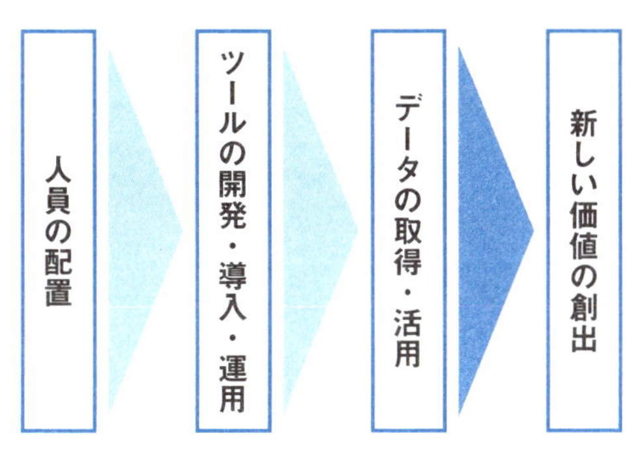

計画書に基づき、開発チームとして人員を配置し、開発、導入、データ活用と進めていく

Lesson 12

[ビジネスモデル図]

ビジネスモデル図をつくろう

このレッスンのポイント

DXのゴールは、データから新たなビジネスプランを見つけることです。成果を上げるためには、現在のビジネスモデルを理解することが必要です。サービスの流れの中でデータがどのように活用されているか、理解を深めましょう。

ビジネスモデル図で社内の業務を理解する

ビジネスモデル図とは、会社の収益がどのようにもたらされるのかをフロー図で示したものです。通常は、人、モノ、カネの流れを矢印でつないでビジネスの全体像を視覚的に表します。

たとえば、ショッピングモールサイト事業をビジネスモデル図にしてみましょう。まずバイヤーが販売店と交渉し、ショッピングモールサイトに出店してもらいます。ショッピングモールサイトを閲覧したユーザーが購入すると、ショッピングモールサイトを通じて販売店へ連絡が届き、販売店で商品をユーザーに発送します。ショッピングモールサイトは、販売店から掲載手数料を得て、販売店は手数料を差し引いた商品代金を得ます。これを図にすると 図表12-1 のようになります。

▶ビジネスモデル図でプロセスの全体像を把握する 図表12-1

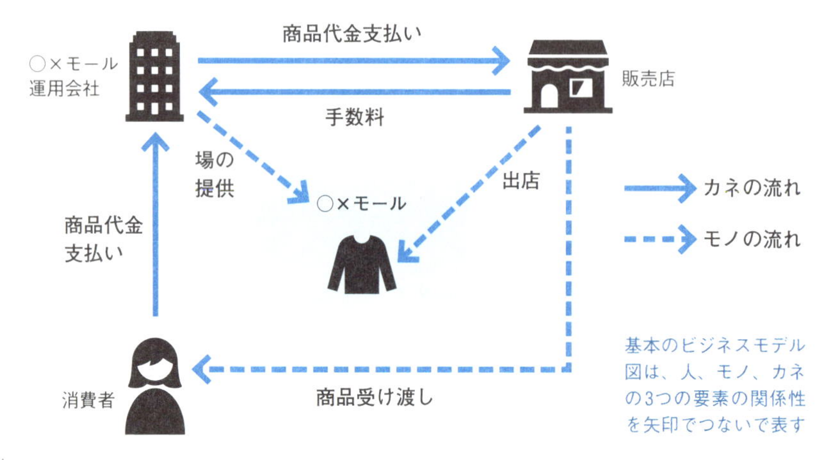

ビジネスモデル図を作成する

ビジネスモデル図では、各プロセスでどのようなデータが扱われているのか示すようにしましょう。将来、DXでデータをどう活用すべきか考える必要があるからです。ビジネスモデル図は2つのステップで作成します。まずは自社の業務プロセスを書き出します。次に各業務プロセスにおいて、誰が何を行っているか、図表12-2のように仕事内容を説明しましょう。

たとえば、ショッピングモールサイトの場合、図表12-1を作成するには、誰がどんな役割をしているのか、誰から誰へ商品やお金が流れているのかを洗い出す必要があります。さらに深堀りして、販売店からサイトに商品を登録する手続きは誰がどう行っているのか、といったようにプロセスを分解してこれも図に書き込んでいきます。この際に、どんなデータを登録するか、アイコンでデータの存在を記入しておくと、DXのイメージを膨らませやすくなります。

このように、社内の業務を1つずつ噛み砕いて整理すると、業務プロセスだけでなく、データの流れまで見えてきます。ビジネスモデル図を頭において、どのようにデータを集めて、データ活用が行えるか情報収集を進めていきましょう。

▶ プロセスごとに業務を分解 図表12-2

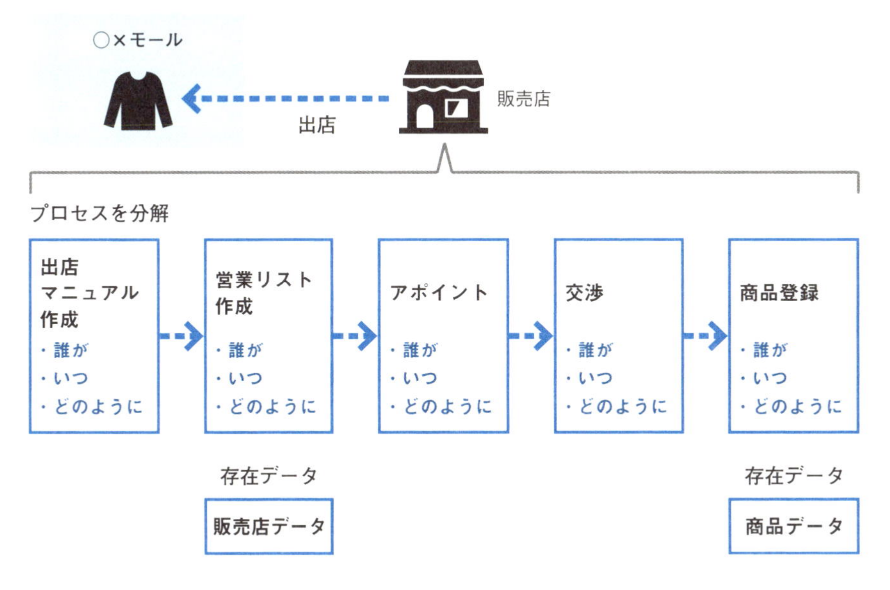

ビジネスモデル図でビジネスプロセスを把握したら、各プロセスごとに業務を分解していく

Lesson 13 ［情報収集］

業務上の課題を洗い出そう

このレッスンのポイント

デジタル化は、業務プロセス上の課題を見つけることでもあります。課題を見つけるために、ビジネスモデル図で表したプロセスごとに担当部門へのヒアリングを行い、課題を洗い出しましょう。

部門ごとに課題を探る

ビジネスモデル図を用いて、デジタル化できるプロセスがないか、効率化が妨げられている課題がないか、部門ごとにヒアリングを行っていきます。ビジネスモデル図を用いることで、コストがかかっているプロセス、ビジネス上の競争力に欠かせないプロセスなどが把握しやすくなります。

たとえば 図表13-1 に挙げた紙の伝票が多い業務、電話応対が多い業務、FAXのやりとりが多い業務、または人手による入力作業、確認作業が多い業務などはデジタル化の余地が残っている可能性が高いです。やっている本人は思っていなくても、客観的な目で見ると非効率な業務は思いのほか多いものです。そのような業務は、現場のユーザーにとって使いにくいシステムが稼働していると考えて間違いないでしょう。まずはそういう業務からデジタル化の手段を考えていきます。

▶ デジタル化すべき業務 図表13-1

紙の伝票が多い

FAX のやりとりが多い

電話応対が多い

入力作業が多い

課題となる業務の基準は、紙が多い業務、人手による部分が多い業務となる

情報収集の仕方

業務上の課題を見つけるための方法として欠かせないのが情報収集です。しかし他部門の課題を探るのは躊躇してしまうものです。ここではヒアリングをスムーズに行える方法を紹介します（図表13-2）。

最初のステップは、アンケートです。オンラインでアンケートを行うことで、実際に会わなくても、幅広い部門からヒアリングできる点がメリットです。

次のステップは、現場インタビューです。アンケートで部門ごとの課題が集まったら、詳細を確認するために担当者に会いに行きましょう。「実際に会ってみると実は言うほど困っていなかった」「業務環境があまりにも酷く、PCを買い替えたら改善するかもしれない」などの現場でしかわからない情報を仕入れられます。直接話をするため手間も生じますが、それ以上に得られるものは大きいはずです。

▶ 情報収集のステップ 図表13-2

・アンケート

全社的に広く課題を集めることが可能
Web を活用して幅広く、効率的に意見を集約できる

・インタビュー

個々の課題について、深く把握できる
現場でしかわからない情報を収集できる

広く集めてから詳細を把握するのが情報収集のステップ

このように、アンケートとインタビューの２ステップで情報収集すると、効率よく課題をピックアップできます。

NEXT PAGE

アンケートを作成する

それでは、アンケートフォームを用意していきましょう。アンケートは、図表13-3のようにGoogleスプレッドシートなどのオンラインツールを活用するのがおすすめです。作成と展開、集計まで非常に簡単に行えます。フォームには、入力者の基本情報（部門、業務内容）と具体的な業務に関する設問を配置します。

そして、具体的な設問内容として「どんな業務」「誰が」「どのくらいの時間をかけて」「どんな頻度で」「何に困っているか」を記入できるようにします。これらに該当する業務を一覧で出してもらいましょう（図表13-4）。

これによって、ビジネスモデル図を補完できるだけの情報が揃います。小さいが回数の多い業務、毎日行う時間のかかる業務が見えてきます。

▶ Googleスプレッドシートを使ったアンケートの実例 図表13-3

■事業統括部：業務洗い出し

NO	所属本部	名前	重要度（1~5）	作業内容詳細	作業時間/回（h）	月の作業頻度（回）	合計時間（h）
5	事業統括本部	増田	5	①WEB上の、他媒体のHPより職種別の掲載件数をコピー ②エクセルにペースト ③作業①②を該当ページ分繰り返す	420	1	420
6	事業統括本部	増田	5	①営業部からの依頼ファイルを確認 ②CRMへアップロードする	5	440	2200
7	事業統括本部	増田	2	①営業部からの依頼ファイルを確認 ②kintoneにアップ ③情シスにメール	30	4	120
8	事業統括本部	亀田	5	①リストの住所から店舗データ（駅・地図）を取得しリスト化する ・最寄駅（沿線・駅） ・地図（緯度・経度）	1	100	100
9	事業統括本部	亀田	1	①メールで送られてくるオファー案件を抽出 ②オファー案件の対応者（返信者）を抽出 ③エクセルに貼りつける	30	22	660
10	事業統括本部	亀田	3	①ある条件のメールを抽出 ②件名、送信者をスプレッドシートへ貼りつける	10	22	220
11	事業統括本部	亀田	1	①エクセルに記載されているURLを取得 ②GAで該当URLの1日分のPV数を取得 ③エクセルに記載する	15	22	330

Googleスプレッドシートは、Excelと同じように簡単に表を作成でき、PCやスマホから複数人が同時に閲覧、編集可能なので手軽にアンケートを実施したい場合に便利

▶ アンケート設問の例 図表13-4

1. 業務内容
どんな業務を行っているか、月単位ですべて記載してもらう

2. 実務担当者
1の業務を行っている担当者が誰か、すべて記載してもらう

3. 作業時間
1の業務にかかっている時間がどのくらいか

4. 作業頻度
その業務を月何回行っているか

5. 使用ツール
その業務を行うために使用しているツールがあれば記載

6. 困りごと
その業務において困っていること、不便なこと

誰が、何を、どのように、いつ、といった5W1Hをベースに設問を考えると整理しやすい

インタビューシートを作成する

アンケート後に使うインタビューシートも作成しましょう（図表13-5）。アンケートで各部門の業務と課題を把握できているので、作業時間や頻度、困っている部分が多い業務について詳細を確認できるように、あらかじめ用意しておきます。
インタビューは細かく業務を説明してもらうのではなく、ある程度自分で仮説を考えてから、答え合わせをするように聞いていくと効果的です。「こんな質問をしたら、こう回答してくるのでは？」というように自問自答してみましょう。あらかじめ考えておく内容は、「面倒な業務はどれか」「課題の大きさを確認」「現在の解決方法」「苦痛を取り除く糸口」「利用環境の確認」です。
どのようなことに困っているのか確認して、現在の解決策を聞いてみましょう。実はこうしたいという願望を持っていることも多いので、解決策を考える際のヒントにつながります。

▶ インタビューシートの内容例 図表13-5

1. 面倒に感じる業務
業務遂行に欠かせないが、面倒に感じる業務は何か？
2. 課題の大きさ
面倒に感じる業務が占める割合
3. 現在の解決方法
課題を解決するために、現在どんな工夫をしているか？
4. 苦痛を取り除く糸口
どう解決したらよいと思うか？
5. 利用環境の確認
どのような業務システム、ツールを活用しているか？

誰が、何を、どのように、いつ、といった5W1Hをベースに設問を考えると整理しやすい

▶ インタビューシートの実例 図表13-6

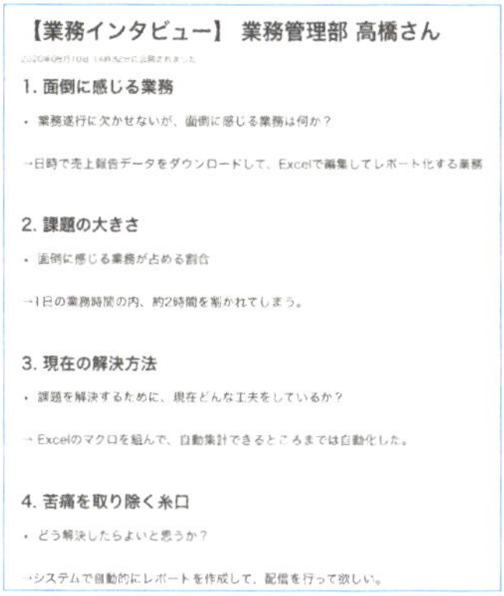

【業務インタビュー】 業務管理部 高橋さん

1. 面倒に感じる業務
・業務遂行に欠かせないが、面倒に感じる業務は何か？
→日時で売上報告データをダウンロードして、Excelで編集してレポート化する業務

2. 課題の大きさ
・面倒に感じる業務が占める割合
→1日の業務時間の内、約2時間を割かれてしまう。

3. 現在の解決方法
・課題を解決するために、現在どんな工夫をしているか？
→Excelのマクロを組んで、自動集計できるところまでは自動化した。

4. 苦痛を取り除く糸口
・どう解決したらよいと思うか？
→システムで自動的にレポートを作成して、配信を行って欲しい。

数字で表せる部分は、数字で答えてもらうのがポイント

Lesson 14 [課題のリスト化]

課題からデジタル化すべき業務を洗い出す

このレッスンのポイント

アンケートやインタビューで得た課題を整理していきます。課題と現在の解決策をまとめることで、具体的にどのようなアプローチでデジタル化を行えばよいか、把握しやすくなるでしょう。

課題リストを作成する

業務と解決策をまとめた課題リストを作成して、ヒアリング内容をまとめていきます。
DX計画書を作成するうえで、業務のどこから着手をすればDXが実現できるのか指針を探す重要なドキュメントになるでしょう。インタビュー時のメモを参考に作成します。
シートには「ビジネス優先度」「部署」「業務内容」「課題」「解決策」の5つをまとめていきます。「ビジネス優先度」は、業務が会社の売り上げに直結しているか判別する項目です。売り上げに関わる業務を改善することで、新しいビジネスに必要なデータを集められます。営業が行っている業務、社内の事業管理が行っている会社の中心となる業務をピックアップしましょう。判定は「高・中・低」の3段階で入力してください（図表14-1）。「部署」と「業務内容」はインタビュー時の内容を整理して、業務を分類していきます。分類の粒度は個人単位よりも、部署全体で行っている業務の大きさにするとよいでしょう。そして、「課題」と「解決策」は業務ごとにセットで考えていきます。どんなことに困っているか課題を整理して、解決策として活用しているツールや業務システムを記載しましょう。

解決策を具体的に記載しておくと、DXをどの順番で行えばよいか、ステップが明確になります。

優先すべき業務を決める

次は優先順位を決めていきます。DXを進めるうえで注目したいのは、ビジネスで活用できそうな重要なデータを握っているかどうかです。重要なデータを集めるうえで障壁となる業務を見つけていきます。前項で整理した「ビジネス優先度」×「課題」×「解決策」を組み合わせてDXを行う必要がある業務を決めましょう。

具体的にやり方を説明していきます。まずは、「ビジネス優先度」を「高」にした業務に絞り込みます。このなかから、「業務課題を解決したらもっとユーザーが利用してくれる」「いままで取れなかったデータが取れそうな業務」を探します。

たとえば、営業活動に使用するCRM（顧客データベース）を扱う営業業務を見てみましょう。営業は商談結果をCRMに入力することで、取引に関するデータを入力して、営業活動の効率化を図っています。この商談データは会社にとっては大切な資産です。しかし、実際にCRMにアクセスすると読み込みに時間がかかるうえ、入力項目が膨大にあるとしたらどうでしょうか。これでは誰もデータを入力しなくなってしまうでしょう。

このような課題を抱えた業務が優先すべき業務です。会社の売り上げに関わる重要なデータを扱っており、使いづらさの課題を解決することで、ビジネスにつながる重要なデータが溜まっていくのです。

優先度を絞り込んだら、「課題」を見てみましょう。どのくらい工数がかかっているか、作業負荷を把握できます。作業負荷が大きい業務は、データの加工や登録で時間を要していることが多いです。課題を解決することが、データを集めやすくしていきます。

そして、「解決策」を照らし合わせて、いまのやり方をどう変えるべきか判断します。業務システムやツールが使いづらければ、データが集まらないし、ツールがPCのなかで閉ざされているとクラウド上にデータを収集できません。

このように、3つの項目を総合的に比べて、DXすべき業務を選定してみましょう。社内の業務は多岐に渡りますが、売上につながる業務に重要なデータが隠れています。このデータを集めるために改修すべき業務を選定しましょう。

▶ 課題リストのアウトプットと優先順位付け 図表14-1

	ビジネス優先度	課題	解決策
業務 A	★★★	★★☆	★☆☆
業務 B	★★☆	★★★	★★☆
業務 C	★☆☆	★★☆	★☆☆
業務 D	★★★	★★★	★★☆
	業務 A ＝ 業務 D	業務 A < 業務 D	業務 D

星の数で高・中・低を表している。評定が高いものから絞り込んでいくと、この例では業務D が残る

Lesson 15 [システムマップ]

データの流れを把握する

このレッスンのポイント

課題を特定できたら、社内で稼働しているシステムの状況を把握していきます。システムマップを作成することで業務システムとデータの連携が可視化されます。ビジネスがどのように行われているのかイメージが深まるでしょう。

データの流れとつながりを把握しよう

各業務プロセスにおいて、どのような業務システムやツールを使い、どのようにデータが流れているか可視化するときに作成するのがシステムマップです。レッスン12で作成したビジネスモデル図と照らし合わせて見ていくと理解が深まるでしょう。なお、何かの業務を行うための仕組みのことを業務システムといいます。勤怠管理システムや経費精算システムが例として挙げられます。

システムマップの役割は2つあります。1つ目はどのような業務システムやツールが存在しているか把握することです。社内で誰もが使っているものもあれば、特定の部門や特定の立場の人しか使っていないものもあるなど、社内には大小さまざまなシステムがあります。まずはすべて洗い出します。

2つ目はシステムを通して、データがどのように流れているか把握することです。データの流れを可視化すると、データ同士のつながり、データを溜めている場所が把握できることでしょう。データを把握できれば、どの業務システムを改修すべきか優先度をつける際のヒントにもなります。

このように、システムの存在把握とデータの流れ、2つの観点でシステムマップを作成していきます。システムマップは、デジタル化の判断材料となります。

調査には時間もかかりますが、関係者と協力して作成してみましょう。

システムマップを作成しよう

システムマップの完成イメージを見てみましょう（図表15-1）。これはいわば、ビジネスモデル図の「システム版」です。業務システムとデータの流れがわかるように、レッスン13のアンケートやインタビューで収集した部門ごとのシステムやツールを図にしていきます。

例としてECサイトで食材を販売している企業の場合を見てみましょう。業務の流れとして、まずは営業が現地で食材を買いつけて、自社の商品登録システムに内容を入力します。その後、内部のスタッフが、ECサイトの管理画面から登録された商品の画像準備などを行い、販売できる状態します。そして、ECサイトで商品が掲載されて購入が確定すると、商品コードや購入者情報を配送システムに伝え、配送の準備が始まります。こういった一連の業務プロセスを、システムとデータを可視化する観点で図にしていきます。

このようなECサイトの場合は、商品管理システム、ECサイト管理画面、配送システムの3つのシステムで業務が成り立っていることがわかります。そしてそれぞれのシステム間でどのようなデータがやりとりされているのかもわかるでしょう。システムに登録されたデータが、どのシステムに伝わり、どの業務で活用されているか把握できたらシステムマップの完成です。

▶ システムマップの完成イメージ 図表15-1

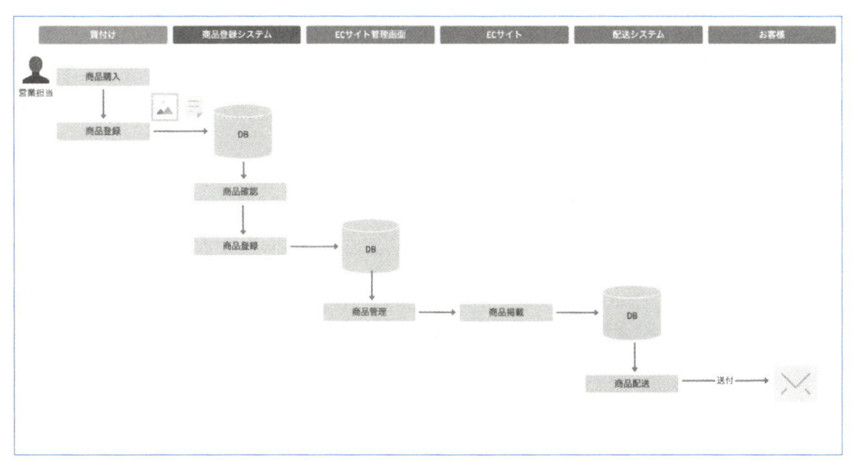

システムマップの作成には、「Whimsical」（https://whimsical.com） といったツールを使うと便利

Lesson 16 [ビジョン]

データ活用の可能性を考える

このレッスンのポイント

現在のビジネスモデルと業務システムの流れが把握できたら、DXで実現すべき理想のビジネスを描いてみましょう。ポイントは、「こうなったらいいな」という理想を具現化してみることです。

DXのビジョンが投資への理由になる

DX計画書には、DXでビジネスがどう変わるのか記載することが重要です。経営陣は、DXに投資する価値があるかどうか知りたいからです。そのため、たとえばデジタル化によって社内にどのようなデータが蓄積され、それを活用するとどんな価値が生み出されるのか、既存ビジネスを広げるビジョンをイメージしてみましょう。

DXといった場合、業務システムの改善を指していることも多いですが、それを改善するだけでは、従来の業務変革（BPR）と大きな差はありません（図表16-1）。業務の生産性は向上しますが、ここをゴールとしていては、新しいビジネスの価値は見つからないでしょう。

そのため、DXを行うことでワクワクするような、新しいビジネス価値が生まれることを計画書に記載するのが重要なポイントです。そのための材料として、データを活用して何ができるかを検討していきます。

▶ DXと業務変革のゴールの違い 図表16-1

	業務変革	DX
目的	生産性向上	新たなビジネス創出
データ活用	必須ではない	データ活用が必須
売上に関与	作業工数の削減	既存事業の売上増に関与
スピード	比較的大きくゆっくり	小さく高速に開発実施
影響範囲	大規模	小規模から段階的にスタート

データを活用したら何ができるかイメージする

データの活用シーンといってもすぐに思い描ける人は少ないかもしれません。その前段階として、システムマップを見ながら現在取得可能なデータにどのようなものがあるかを整理していきます。
たとえば食品の購買データであれば、顧客のプロフィール、食材の嗜好、季節ごとの購買傾向などが取得できるでしょう。現在ECサイトで食材の販売だけを行っているとしたら、これらのデータを使っていまのビジネスを拡張できないか考えを巡らせるのです（図表16-2）。嗜好データから、「おすすめのレシピ＆食材セット」のような新商品を開発できるかもしれません。これに季節ごとの購買データを組み合わせて、定期購入につなげることもできるでしょう。気に入ってくれた顧客には家族情報を提供してもらって、家族の1人ひとりをターゲットに「誕生日ごちそうセット」などイベントごとの商材もイメージできます。このようにデータを活用して新しいサービスを開発し、そこからまた別のデータを取得する、というサイクルが回って成長していく、というようなビジョンを描けるとよいでしょう。

▶ データを活用するための基本的な考え方 図表16-2

取得可能データ

顧客プロフィール

食材の嗜好

季節ごとの購買傾向

単なる顧客のプロフィールを集めただけで活用できていない

データを活用した新ビジネス

記念日ごちそうセット

顧客の家族それぞれの記念日が来るたびに、おすすめ食材を詰め合わせてレシピとともにお届け

取得可能なデータを使って何ができるかイメージする

ビジネスモデルと保有データの理解に重点を置くようにしましょう。

Lesson 17 [課題の可視化]

現状のシステムマップとのギャップ

このレッスンのポイント

理想のビジョンが描けたら、現状のシステムマップと比較して、どこを改善していくべきなのか具体的に解決策を検討していきましょう。データのつながり方に着目するのがポイントです。

システムマップに課題を書き込む

システムマップを手元に用意して、どのようにシステムを組み替えたらレッスン16で例示したようなデータ活用のビジョンに近づくのか考えていきましょう。
データ活用にあたっては、デジタイゼーションが済んでいることが前提です。必要なデータが取得できていない状態では、データを最大限生かしきれず、ビジネスアイデアの実現は遠のいてしまいます。そのため、デジタイゼーションを優先して行いましょう。デジタイゼーションの具体的な手法については第3章のレッスン25で解説します。
また、十分な量のデータが取得できているかどうかも大切なポイントです。デジタイゼーションしたからといって、そのデータが活用できる形で管理されていなければ意味がありません。
このように、描いたビジョンを実現するために必要なデータはシステムマップ上のどこを流れてどこで管理するのかを検討し、現在のシステムでできていない部分を書き込んでいきます（図表17-1）。将来目指すビジョンを実現するためのシステムマップと現在のシステムマップを比較できるようにするのです。

改修すべき部分を明確にするのがポイントです。次のレッスンで、解決策のヒントとなる事例を紹介します。

アイデアを1枚のスライドにまとめる

システムマップとのギャップが見えたら、具体的にどのような解決策を講じればよいか、アイデアをまとめていきます。図表17-2を参考に1枚のスライドに課題と解決策をまとめてみましょう。

それでは、1枚のスライドに1課題ずつ現状整理をしていきます。まずは、スライドの見出しに課題を記載しましょう。そして、中央に「現状のシステム」を記載して、どのように変化させれば「理想のシステム」に変化するのか記載していきます。

アナログなデータを使っている業務であれば、まずはデジタル化することが課題です。そして、そのデータをクラウドに上げることが活用への第一歩となります。レッスン10で説明したようにペーパーレス化し、さらにクラウド化することが理想の状態であることを記載しましょう。

すでにデジタイゼーションは進んでいる場合は、デジタライゼーション、つまりそのデータが活用されているかが課題です。活用されていない原因は何か、どうすれば活用されるかのアイデアを記載しましょう。

▶ 課題を可視化したシステムマップ 図表17-1

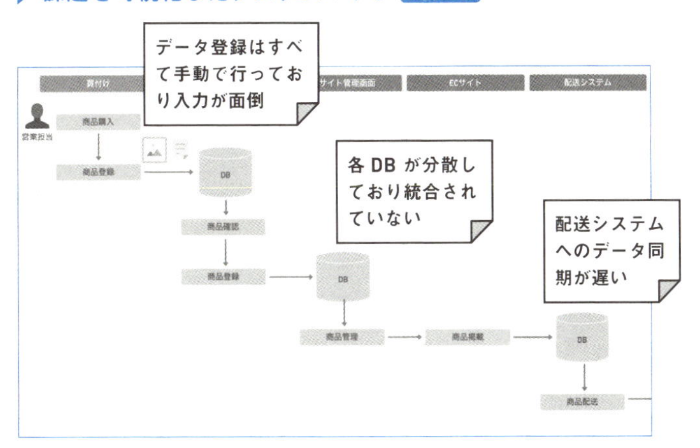

▶ スライドの内容 図表17-2

課題	現状のシステム	理想のシステム
データ登録が面倒	登録フォームが使いづらい	入力作業を軽減と効率化
商品検索が遅い	検索速度は7秒	検索速度を2秒以内
データ同期	各DBが散在している	統合DBでデータ管理

Lesson ［成功体験］

18 生産性を上げるシステム改善

このレッスンのポイント

DXの実現に向けて、理想とのギャップを埋めていくことになります。実際に業務システムを改修することで、どのような成果が現れるのか具体的なイメージを計画書に盛り込みましょう。

業務効率が上がって、データも取得できる

レッスン4で説明したとおり、デジタル化することでまず現れる効果は、コスト削減です。プロジェクトの計画書に記載する例になる取り組みを紹介しましょう。

あるコールセンターでは、ユーザーからの問い合わせに対して、過去の類似質問を検索して、ユーザーへ回答を行っていました。しかし問い合わせが来るたびに過去の質問と回答を検索することになり、業務効率が上がらず、ユーザーの電話待ち時間も増えてしまっていました。そこで、問い合わせのレコメンドシステムを導入しました。

ユーザーが電話で問い合わせ内容をいうと、音声を認識して自動的に社内データベースに問い合わせ、質問と回答がオペレーターのPCにポップアップで通知されます。関連範囲があらかじめ絞られて表示されるため、大量のデータから検索することもなくなり、ユーザーの電話待ち時間も減少する成果が得られました。こうすることで顧客満足度が上がり、またオペレーターの負担も減少したのです（図表18-1）。

これは単に質問と回答をデータ化しただけでは活用しきれないという実例でもあります。

デジタル化による企業体質の変化

ここに挙げた例のように、デジタル化による成功体験を得ることで、企業体質はデジタルファーストへ変化していきます。その結果、現場が協力的になり、DXの実現が近づきます。なぜならばシステムへの不満を、ユーザーの立場で解決してくれるツールとしてデジタルが顕在したからです。

現場での「あるある」の1つに、業務システムに対するネガティブなイメージがあります。業務の効率化を実現することでユーザーの不満を解消することもDX実現への大事な一歩なのです。筆者の所属するディップ株式会社でも同様の変化が現れました。たとえば、新規Webサイトの効果を計測するため、新しいレポート帳票を作成する必要がありました。従来ならば、現場の運用を優先してフォーマットを決めてしまいがちです。しかし、DXプロジェクトでデータ活用を見据えていることを説明しているので、こちらにも配慮して設計してくれたのです。

このように、現場の業務を親身になって改善すると、業務のデジタル化やデータ活用に対して、社員のモチベーションが向上します。

▶ コールセンターのデジタライゼーション例 図表18-1

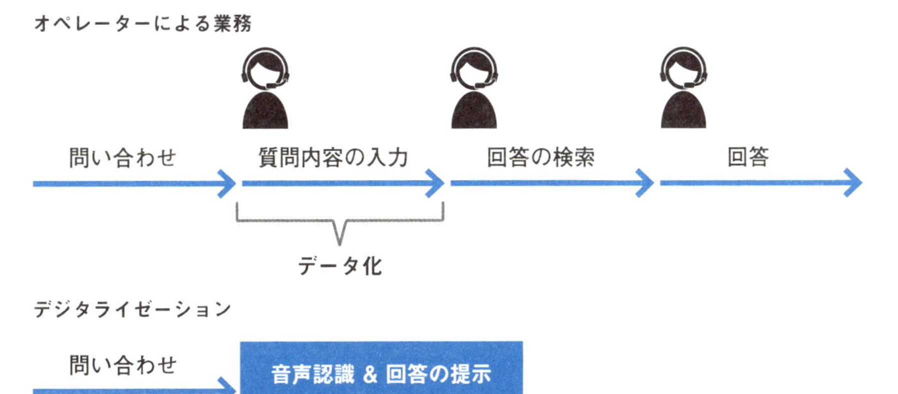

デジタル化によって、効率化だけでなくデータ化も進む

システム観点だけでなく、業務がどのように変化するのか計画の段階で盛り込んでいきましょう。

Lesson 19 ［効果測定］

効果を測定するには

このレッスンのポイント

業務変化と合わせて、改善効果を確認できる運用体制を記載しましょう。定期的に改善と計測を行わなければ、正しくデータが取得できたか判断ができません。そのためにも運用体制を計画段階で考えておきましょう。

KPIを設けて改善運用を行う

DXプロジェクトの計画書には、ビジネスプロセスとそれを支える業務システムを定期的に改善できるような運用体制を盛り込みます。ここでは定量的な効果を測るためKPIを設定しましょう。それにより判断ポイントが明確になり、施策が順調に進んでいるか把握できます。

業務システムの改善でよく使用するKPIは、削減できた時間です。削減時間が大きくなれば、それだけ業務システムが活用されていることになり、すなわちデータが集まっている状態です。削減時間は、現場の責任者と共同で確認していくのがよいでしょう。ほかにもデータのレコード数、アップロードされたドキュメント数など、数字で見て判断できる指標ならばどれでも構いません。

そうして 図表19-1 のように、どのようなKPIを改善運用していくのか、DX計画書に記載します。KPIを設けることで改善の施策が正しかったかどうか判断できます。さらにプレゼン時には、費用対効果を意識した運用がなされることの証明にもなるでしょう。

▶ ウォッチするKPIを計画書にまとめる 図表19-1

KPI項目	KPI内容
業務削減工数	削減できた作業時間
アプリ開発速度	スプリント回数
アプリインターフェース改善	離脱率や検索速度
インフラ	コスト削減、可用性の強化
セキュリティ	セキュリティ強度
データベース	データクリーニング、冗長性

費用対効果だけでなく、各システムを細分化してKPIを設定する。投資したシステムによって得られる効果はすべて上げておく

継続して改善できる体制づくり

DX計画書にKPIを記載したら、どのようにKPIを計測するのか明記していきます。業務システムのKPIを定期的に報告して、次の施策を判断する意思決定プロセスを計画書に盛り込んでいきましょう。

おすすめなのは、2週間に一度定例報告会を設けて、KPIレポートを報告していく方法です（図表19-2）。現場の担当者とDXを推進する担当者が一堂に集まる場で改善効果を議論しましょう。このような場を設けると定期的にレポートを作成する習慣ができて、すばやい意思決定が可能になります。

また、業務システムによっては、改修による影響を調査する必要があるものもあり、関係者と個別に交渉していては、非効率です。

このように、「関係者を集めてKPIをすり合わせる会議体」を運用体制に記載します。運用で重要なのは、コミュニケーションの回数です。業務システムを開発したら終わりではなく、データが取得できているか継続して確認していくようにしましょう。

▶ 業務改善の意思決定プロセス 図表19-2

KPI レポート

- ROI
- 検索速度
- 削減工数

報告・相談 →

DX 推進定例会

2 週間隔で会議体を設けて報告を実施、懸念点もその場で解消させる

定例会には意思決定の決裁者を必ず招待して、現場だけで運用しないようにしましょう。

Lesson 20 [チームづくり]

DX推進の横断チームをつくろう

このレッスンのポイント

DX計画書の後半は、プロジェクトを推進しいくためのチーム体制について記載していきます。DXプロジェクトは全社で行うものなので、関係者を巻き込んだ組織横断チームを構築していきます。

○ 横断チームが大切な理由

社内の業務変革は、規模が大きくなるほど意思決定者が増えるので、プロジェクトの進捗が鈍化していきます。特に縦割りの組織だとその傾向は顕著でしょう。そのため、組織を横断したDX専門のプロジェクトチームをつくることをおすすめします。

組織の壁を超えてDXを推進する方法は2つあります。トップダウンか、ボトムアップかです。トップダウンによる場合は、非常に強いリーダーシップで各組織が動くことになります。このときに推進の舵取りをするのがいわば「DX推進チーム」です。トップからのメッセージをもとに各部門からメンバーを募いチームを結成するとよいでしょう。現場の成果に関わってくるため、協力的なはずです。

しかし、DX推進について経営側に課題感がない場合もあります。その場合は、ボトムアップで推進しましょう。ボトムアップでは、各現場からの改善要望をもとに提案していくことになります。業務システムの改善ということで、情報システム部門が主役と考えがちですが、現場の状況を理解し、ビジョンを共有することが重要なので、部門をまたいでチームをつくるのがよいでしょう（図表20-1）。

このように、企業によって進め方は変わると思いますが、DX推進チームの役割は変わりません。この後の項目では、具体的にどのようなメンバーでチームを結成するとよいのか説明していきます。

顔が見える形で組織横断の体制を組んでみましょう。

体制図を作成する

部署を横断してDXを行うための体制図を図表20-1のように作成していきます。体制づくりで重要なポイントは、トップに情報システム部門の役員クラスを配置することです。役員の一声で方針をまとめる必要が出てきたり、経営判断を委ねたりする場合に重要な役割となります。次にプロジェクトマネージャーを配置します。ここまでDXプロジェクトをリードしてきた人物が適任でしょう。DX発案者がプロジェクトマネージャー（PM）を兼任することも可能です。

そして、プロジェクトマネージャーの配下には、業務システムを利用、管轄している各部門の責任者を配置します。それぞれの現場の業務を最もよく把握している人物には部門のリーダーとして入ってもらいます。最後に、システム開発部門、情報システム部門は開発業務を実施していく開発チームとして記載しましょう。

▶ 各部門を配置した横断組織の体制図 図表20-1

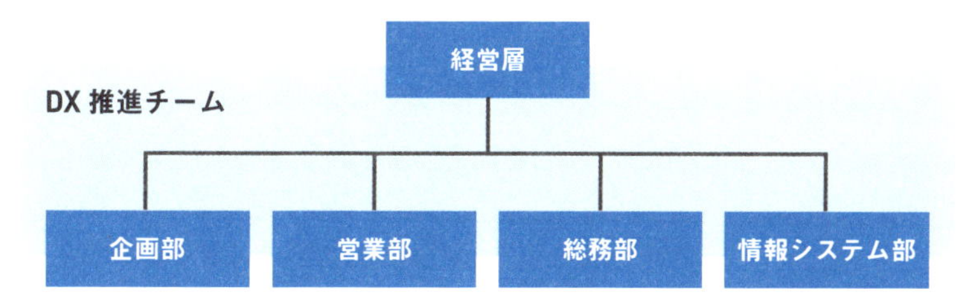

横断的にDX推進チームをつくり、PM配下に各部門の責任者を置く

ワンポイント　プロジェクトマネージャーの選び方

より安定したDXプロジェクトを実現したい場合には、ビジネス領域と開発領域の両方を理解する必要が出てきます。システム開発の経験があり、現在は企画職についているような人材がDXプロジェクトのPMとして理想的です。
DXでは、業務システムについて、仕様と設計まで判断できるスキルが必要になってきます。エンジニアの経験がないと、この部分を外部の人材に任せることになってしまいます。しかし、外部の人材では業務理解だけでも時間がかかりすぎてしまい、また、将来離任することから望ましくありません。
ビジネス領域を深く理解していると、ユーザーを意識した開発に慣れていると思います。DXプロジェクトは、システムを導入したらゴールではありません。いかにユーザーが使いやすいシステムを構築できるかが重要です。
このように、PMに求められるスキルは少し高めです。人材が見つからない場合、社内システム開発のPMに企画の勉強もしてもらいながら、推進していくことを検討しましょう。

Lesson ［工程］

21 スケジュールを作成しよう

このレッスンのポイント

DXプロジェクトを推進するためには、スケジュールを立てる必要があります。DXには開発が伴うため、長期化・複雑化するケースが多々あります。まずは**いつ成果が出るのか、目標となる期日を設定**しましょう。

業務成果でスケジュールを決める

DXのスケジュール策定で必要なのは、いつまでにどんな成果が現れるかです。開発の詳細なスケジュールは別途作成しますが、DX計画書の段階では成果が現れるタイミングがいつになるのかを 図表21-1 のような形で関係者と共有します。

なぜなら通常は改善すべき課題が複数あり、DXまでの道のりが長いからです。細かい部分を詰める以前に、いつ成果が現れて、次の業務にどう影響するか可視化することが大切なのです。

▶ 成果を記載していくロードマップ 図表21-1

A	B	C	D	E	F	G
			導入期			
カテゴリ	実施内容	ゴール指標	2020年_上半期	進捗率	2020年_下半期	進捗率
営業支援	顧客探索の仕組み作り	接触率の向上	CRMの検索速度改善	100%	顧客レコメンド機能	0%
	提案すべきタイミング作り	提案率の向上	商談履歴の可視化	80%	商談履歴の検索高速化	0%
	提案単価を上げる仕組み作り	単価の向上	過去商談履歴の把握機能	100%	AIによる単価提案機能	0%
	マネジメントの仕組み作り	KPI管理	テレワーク用マネジメント画面開発	80%	キントーンによるマネジメント機能	0%
	オファー獲得の仕組み作り	新規顧客獲得	ランディングページリニューアル	40%	広告リスティング改善	0%
	MAの導入	接触率/提案率の向上	メールによる検証	60%	MAの本格導入	0%

営業支援に関するロードマップを整理した例

開発が始まるとビジネス指標を忘れてしまいがちなので、スケジュールと合わせて管理しましょう。

スケジュールに欠かせない視点

スケジュールを作成する際のポイントを 図表21-2 に挙げました。まずはここまでに作成してきたシステムマップをベースに、改善する業務システムと管轄の部門を一覧できるリストをつくりましょう。
次に「ゴールとなる成果」を書きます。この成果は具体的には「売上管理システムのデータを統合させる」「顧客検索システムの老朽化を解消する」など目指すべき姿となります。
そして、リスト上の業務システムごとにスケジュールを入れていきます。スケジュールの時間軸は2か月から3か月くらいの間隔で引いて、半年後を最大にして見ましょう。
このように、ゴールとなる成果を記載することで関係者とスケジュールを共有します。詳細な開発スケジュールも大事ですが、どの業務システムを改善して、どんな成果が得られるのかイメージしながら各プロジェクトを推進していきましょう。

▶ スケジュールの例 図表21-2

全体スケジュール							
部署名	業務システム	ゴールとなる成果	4月	5月	6月	7月	8月
業務統括部	顧客管理システム	顧客データの拡充と整備					
業務統括部	売上管理システム	売上データの社内統合					
営業推進部	メルマガ配信システム	メルマガ配信の高速化を実現					
営業推進部	レポート生成システム	レポート生成のデータ統合					

DXを行えるタイミングを考える

スケジュールができたら、描いたビジョンを達成するタイミング、すなわちDXを実現するのはいつなのかも記載しましょう。具体的にスケジュールを決める目安は、どんなデータがどれだけ集まればそのビジネスを実現できるか、です。
DXのビジョンを描く際に、ビジネスのあるべき姿をイメージしました。ビジネス上、重要となるデータが十分に集まっていることが条件なので、このデータがいつ揃うのか、各業務システムの改善スケジュールから考えて見てください。
DXを行うためには、1年など長期にわたって業務システムを改善し続けなければならないケースも出てくるでしょう。レガシーシステムを抱えている場合、業務システム自体の調査にも時間がかかります。ゴールが見えないと、誰もDXに本気にならないでしょう。まずはゴールを決めて走りだすことが重要です。

Lesson 22 ［費用対効果］

DXの費用対効果を見積もる

このレッスンの
ポイント

DXを進める際には、ある程度の投資が必要になります。プロジェクトに必要な予算を確保するためにも、このレッスンでツールの開発や運用、人材の配置など費用対効果試算の基本を学んでいきましょう。

IT投資をコストにさせない考え方

あなたの会社では積極的にIT投資が行われていますか？ レガシーシステムを抱えている企業の場合、過去に大規模な投資をしたが期待した成果を得られなかったことが、さらなるIT投資にネガティブな反応を示すでしょう。今回のDXに対しても、悲観的な意見を述べてくる役員がいるかもしれないので、費用対効果を示していきましょう。

たとえば、DXの背景には、「システムが古く業務が非効率になっている」「保守費用ばかりかかり、費用対効果が現れていない」などの理由があります。ビジネスの急成長に伴って、システムへの投資が不十分だった、もしくは当時のシステム導入プロジェクトがうまくいかなかったことが原因でしょう。そのため、業務システムへの投資は非積極的となり、そのことで悪循環に陥っているように思えます。この循環を打破するためにも、まず「負の遺産であり、これをゼロに戻す必要がある」ことを訴える必要があります。

まずは毎月発生しているコストを抑えて、システムを健康な状態に戻すことを念頭において費用対効果の試算を考えていきましょう。

現状の運用コストを把握する

費用対効果を算出するために、まずは現在のシステムにかかるコストを算出します。まずは情報システム部門などで発注している、ソフトウェア費用、インフラ費用、開発ベンダーへの保守開発費用などです。これは目に見えるコストといえます。これ以外にも現場で独自に発注していたり、サービスなどの利用代金が発生している可能性もあります。2つ目は、その業務システムを使うのに生じる人件費です。「作業時間×時給×人数」が基本的な算出式です。

3つ目は、トラブルによってシステムが停止してしまった場合の損害金額です。現在発生しているコストではありませんが、IT投資を行う理由として算出しておきます。損害金額はビジネスによって異なりますが、そのシステムの代替となる手段が人手によるものであれば、それだけ担当部門の業務量が増えます。

これらの金額をどのくらい減らせるかがDX成功のポイントです。

費用対効果を算出する

費用対効果は前述の「現状の運用コスト」に「効率化できる割合」を乗算して求めます（図表22-1）。

費用対効果なしに、DXプロジェクトの予算を確保するの難しいでしょう。デジタイゼーションなどの成果を細かく積み上げていくことが大切です。DX計画書では、ざっくりとした概算予算と期待できる費用対効果を記載して、ROIが十分に出ることを示しましょう。概算予算に関しては、各社の開発するシステム規模によって金額が変わるため、本書では具体的な策定方法については割愛します。従来の開発見積もりを踏襲して、開発費を計算してみてください。

▶ROI算出方程式 図表22-1

効率化できる割合 :50%

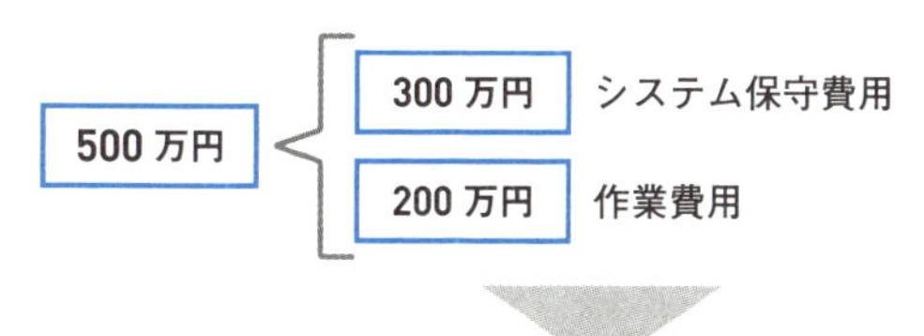

200 万円 = 時給 2000 円 × 10 人 × xh
x = 100h
→1 人あたり 100h/ 年の削減効果がある

現状の運用コストが年間1,000万円だとして、これを年間500万円にできるとしたら、50%が「効率化できる割合」となる。この50%には、現在の業務システムの運用コストと作業工数の両方を含んでいる場合もある。たとえば、システムの保守費用を年間300万円削減、作業工数が年間200万円（時給2,000円の人材が10人いて、1人あたり100時間削減）といったように積み上げていく

Lesson 23 ［プレゼンテーション］

経営層から承認を得るプレゼン方法

このレッスンのポイント

ここまで考えてきた内容で、DX計画書は形になっているはずです。最後は、DX計画書の承認を得るためのプレゼンテーションを行いましょう。成功するプレゼンのポイントも活用してみてください。

プレゼンの事前準備

決裁者へのプレゼンではどのような点を準備しておけばよいでしょうか。投資金額が大きいプレゼンほど入念に準備しますが、準備に時間をかけすぎても意味はありません。ポイントを押さえてプレゼンに挑みましょう。

プレゼンは20分以内にまとめる前提で準備します。DXプロジェクトの場合、調査したシステムごとに課題を挙げていくとかなりの量になるはずです。インパクトのある大きな課題は説明する必要がありますが、各システムの細部を説明していては聞き手に飽きられてしまいます。20分程度で説明して、プレゼン後の質疑応答で細かな部分を説明するほうがよいでしょう。そうすることで、次に何をすればよいか明確になるはずです。

普段プレゼンに慣れていない、システム担当者がプレゼンを行う場合は 図表23-1 のチェックシートを最終確認に活用してみてください。

▶ プレゼン直前のチェックシート 図表23-1

チェック	内容
✓	自社のビジネス課題を把握できている
✓	現状のシステムについて課題が把握できている
✓	社内に存在するデータについて把握できている
✓	DXの実施が新しいビジネスをつくることがゴールになっている
✓	段階的に改修していくシステムのロードマップが描けている
✓	20分以内にプレゼンができるページ枚数になっている

いまやるべき理由を説明する

プレゼンはDX計画書の内容を説明していけば、筋道が通るようになっているはずですが、もうひと押しするためのポイントがあります。

それは、「なぜいまやるのか？」という理由づけです。型コロナウイルスの影響で、変わらなければならないと感じた経営者も多いはずです。景況による変化を受けるビジネスモデルならば、逆境に強いビジネスモデルや、新たな収益の柱を構築したい気持ちが強いはずです。このような状況に柔軟な対応を取るためにも、DXを行う準備が必要であると説明しましょう。

DXを行うことはトレンドではありますが、投資には多くの費用がかかります。費用対効果も十分に出るはずですが、この景況感で慎重になる経営者も少なくないはずです。DXの実現には時間がかかるので、この先の変化に対応するためにも、いま投資すべきだとプレゼンで述べましょう。

▶ いまやるべき理由 図表23-2

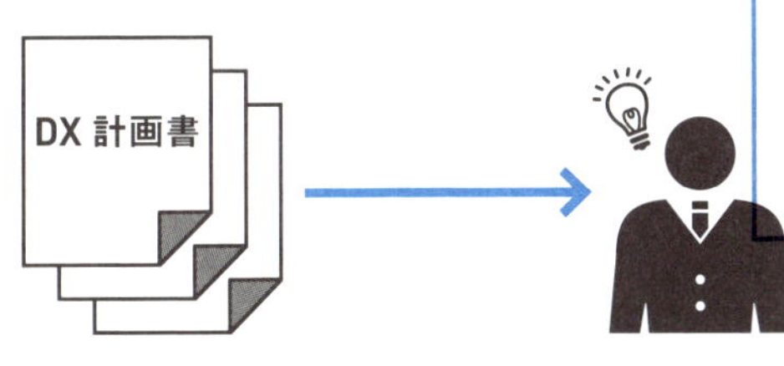

ワンポイント DX投資に消極的な場合の対応方法

プレゼンの結果、否定的な意見をいわれてしまうことがあります。そういう場合は、「過去のシステム投資に対する精算コストを個別のプロジェクトに支払うよりも、いま、DXとともに実施したほうがコストが小さく済む」と説明するのがよいでしょう。

社内のレガシーシステムは、基幹システムであるケースがほとんどです。基幹システムは、複数部署の根幹業務と密接につながっているので、手を入れるには一大プロジェクトになります。レガシーシステムだけを入れ替えればよいということはなく、業務全体の見直しや個別ツールも見直すことになるでしょう。そのため、レガシーシステムだけのリプレイスよりも、新たなデータ利用価値を探るDXプロジェクトにて改善したほうが、改修すべき範囲が小さくなる可能性が高いといえます。そして結果的に改修コストも低くなるでしょう。その点をしっかりと説明するのがポイントです。

COLUMN

通過率8割のプレゼン資料のつくり方

本書に多く出てくる提案書や企画書などのプレゼン資料の数々。つくるのに苦戦している皆さんも多いのではないのでしょうか。ここで、100社以上のスタートアップと一緒に投資家向けプレゼン資料をつくってきた私の秘密のノウハウをお伝えします。

プレゼン資料づくりはまず文章から始めます。最初につくるのは目次です。

提案書はほとんどの場合、現状、課題、解決策、実施方法、という目次になります。次は目次に概要を書いていきます。たとえば「現状」であれば「社内の書類の90%が蓄積されず、バラバラになっている」といったイメージです。

目次と概要を文章で書いて、承認する側の立場で通したくなるまで文章を練っていきます。もしアドバイスをしてくれる同僚や上司がいれば、この段階で見てもらうとよりよい内容になるでしょう。

文章ができたら、次はPowerPointなどでスライドをつくります。スライドの上部に50文字程度で、主張を記しただけのものです。図版がない状態でプレゼンのリハーサルをして、流れが通るようなら図版を作成していきます。スライドを構成するときのポイントは、「1スライドに1図版、1メッセージ」です。 スライドの上部にフォントサイズ24ポイント以上、50文字程度で言いたいことを書きます。その下に言いたいことを説明する図版を入れます。言い切るのが怖かったり、たくさんの文字や画像で説明したくなるのはわかりますが、プレゼンの相手が、たくさんある資料からすべてを読み取り、記憶に残すのは難しいのです。

この流れでつくれば、本番ではスライドの上部のメッセージを伝えていくだけで、誰でも大外ししないプレゼンができます。

そして時間をかけずに作成でき、修正も簡単です。このやり方で多くのスタートアップたちのプレゼンは、作成時間1/3、通過率8割程度になりました。

▶ スライドのテンプレート 図表23-3

ここにこのページで言いたいことを書きます。1スライド1メッセージで50文字、サイズ24pt以上、図は1とする

Chapter

3

DX時代の開発手法

この章では、DX志向の開発を行うための基本知識を学んでいきます。従来の業務システムとの違いを意識しながら読み進めましょう。

Lesson ［デジタイゼーション、デジタライゼーション］

24 デジタル化の流れを整理しよう

このレッスンのポイント

DXを実現するには、従来のシステムを一新しなければなりません。そのためには開発が必要です。まず従来の業務システムとDXのシステムの相違点を理解し、そのうえで開発の全体像を理解しましょう。

業務システム開発とDXが異なる点

DXの実践に入る前に、ここまでのおさらいを兼ねて従来の業務システム開発とDXは何が違うのかを整理しておきましょう。DXを行うためには、いかにデータを「活用できる形」で集められるかが重要です。なぜならDXは大量のデータから新しいビジネスを生み出すことだからです。従来のシステムは、「データファースト」ではなく「機能ファースト」で業務効率化を目指してきました（図表24-1）。その結果として、システムが複雑化し、誰も使わない機能が増えていったのです。

DXを前提とした開発では、データをどう活用するかまで視野に入れる必要があります。ユーザーが使いやすく、かつビジネス上の目的も果たせることを考慮したシステムを目指します。

▶ DXと業務システム開発の違い 図表24-1

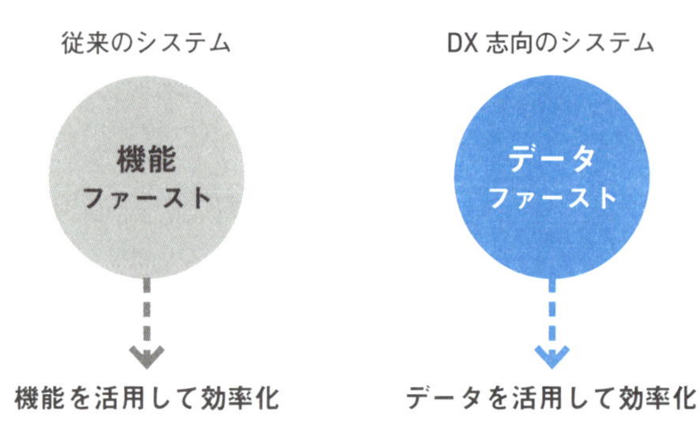

従来のシステムは、いかに機能を盛り込むかで業務効率化を目指すものだったのに対し、DX を目指すシステムは、いかにデータを活用して業務効率化を図るかで設計する

開発の流れを理解しよう

具体的なデジタル化の進め方を見ていきましょう。DX計画書では、DXに取り組むことでビジネス成果を上げるビジョンを描きました。この章では、ビジョンを実現するために、具体的な業務を選び、デジタル化を実現するためのノウハウを共有していきます。DXの実現までは、大きく2つのステップで、図表24-2のように進んでいきます。
1つ目のステップは、アナログデータをデジタル化する「デジタイゼーション」です。2つ目のステップは、ビジネスプロセスをデジタル化する「デジタライゼーション」です。このように順序立てて実践することで、ビジョンの実現に向けて、データを意識して効率よく開発できます。アナログなままでは、データが存在しません。業務システムを改修するだけでなく、データを集める視点に立つことで、活用できるデータが集まってくるのです。

▶ 開発の流れ 図表24-2

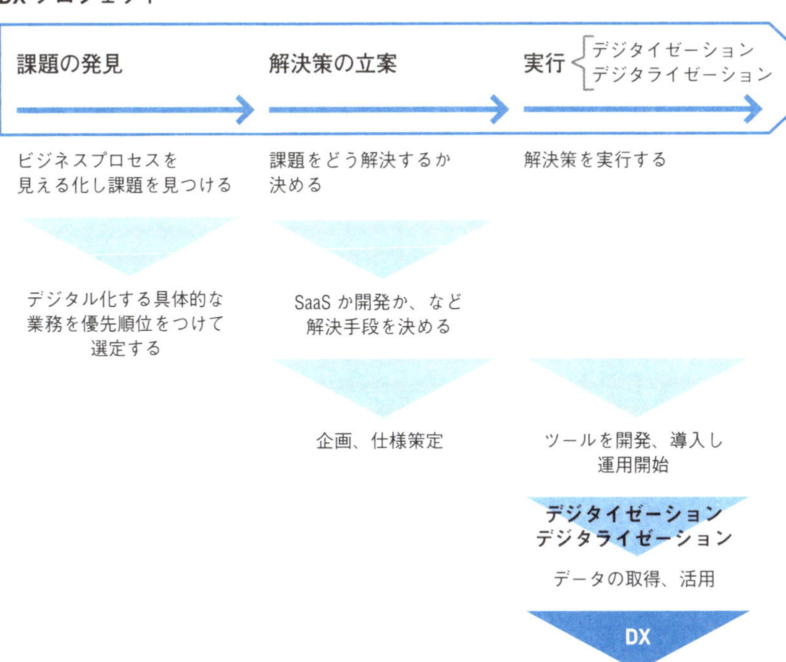

プロジェクトの進行とデジタル化の流れ

Lesson 25 ［デジタイゼーション］

デジタイゼーションの進め方

このレッスンのポイント

デジタイゼーションを行い、アナログデータをデジタル化しましょう。このレッスンでは、SaaSを利用する前提で、デジタル化するデータの選定方法、そしてSaaSの選び方の基本的な考え方を解説します。

デジタイゼーションのゴール

デジタイゼーションは、紙で保存されているデータ、または個人個人がため込んでいるデータをクラウドなどに保存し、どこからでもアクセスできるようにすることです。「デジタルデータを取得できる状態」を作ることともいえます。デジタイゼーションによって、ほかの業務システムと連携したり、データを出力して活用できるメリットも生まれます。DXの第一歩です。

紙で保存されたデータや、個人が管理しているデータは、利活用しづらく、結果として埋もれてしまいます。個人が自分のPCなどで管理しているデータも結局はメールで送ったり印刷したりして使うことになるため、作業コストも増えてしまいます。そうした状況が多い現場では、もっと効率的な仕組みを求めているでしょう。それだけにすばやく成果を出すことが重要です。本書でおすすめするのは、SaaS（Software as a Service：サース）の導入によるデジタイゼーションです。図表25-1のような流れでデジタイゼーションを行いましょう。

▶ SaaSによるデジタイゼーション 図表25-1

紙などで管理されたアナログデータをSaaSでデジタル化

重要なデータを握っている業務を選定する

第2章のレッスン14で業務課題を整理しました（図表25-2）。まずは、この課題リストに戻って業務を見返してみましょう。どの業務が「重要なデータを握っているか？」、どの業務に「工数が多くかかっているか？」の2軸から優先順位をつけていきます。

それでは重要なデータとは何でしょうか？ 一言でいうと、「会社の業績を左右するデータ」ということです。業績に関わるというのは、売り上げを生み出す業務がまず挙げられます。また、仕入れ、広告費といった大きなコストを払っている業務も業績に大きく影響します。また、通常これらの業務はいくつかの工程によって成り立っているものです。そこで業務にかかっている工数を比べることで、いま着手するべき業務が選定できます。この 図表25-3 のような2軸で課題リストに優先順位をつけてみましょう。

▶ レッスン14で整理した課題リスト 図表25-2

	ビジネス優先度	課題	解決策
業務 A	★★★	★★☆	★☆☆
業務 B	★★☆	★★★	★★☆
業務 C	★☆☆	★★☆	★☆☆
業務 D	★★★	★★★	★★☆
	業務 A = 業務 D	業務 A < 業務 D	業務 D

▶ 業務選定のための2軸 図表25-3

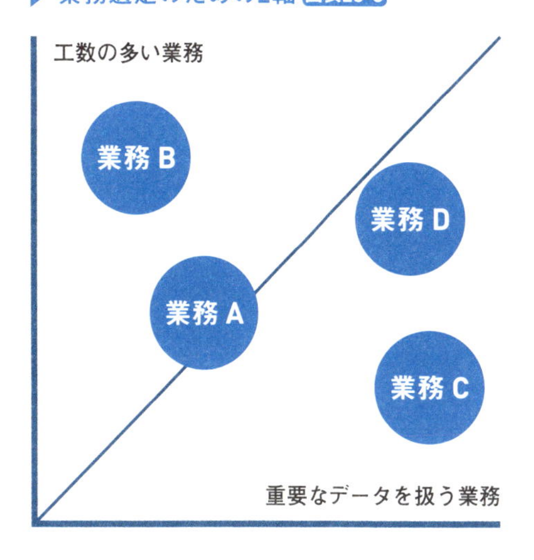

工数とデータ重要度の2軸で業務を振り分けていく

SaaS導入のポイント

優先順位が高い対象業務で紙やハンコなどを使う作業が残っている場合、これをデジタル化するのに特化したSaaSを導入することをおすすめします。SaaSを選ぶにあたっては、図表25-4のポイントがあります。

最初のポイントは導入のしやすさです。製品によってはPCにソフトをインストールするなど、独自の環境を構築しなければならないものもあるでしょう。一概にSaaSといっても、準備にかかる手間も考慮しなければなりません。手軽に現場に導入できて、運用しやすいものを選択しましょう。

次に考慮すべきポイントは価格です。SaaSは、使った分だけ費用を支払う従量課金制のものが多いのが現状です。たとえばアナログ文書のデジタル化を考えた場合、本当にすべての文書をデジタル化する必要があるのか検討をしてみましょう。必要のないデータもデジタル化すると、コストが膨れ上がってしまいます。現場にどのくらいのアナログ文書があるのか、把握することも忘れないようにしてください。

意外と見落としがちなのがSaaSのデータ容量の制限です。SaaSで処理できるデータ容量には1日あたりの上限が設定されていることがあります。処理のキャパシティを把握しておきましょう。1日にどのくらいの処理が可能なのか？ また、データ化までに必要な日数を把握しないと、業務が回らない可能性が出てきます。

最後のポイントは、現場のメンバーが運用できる製品であるかです。操作が難しかったり、業務工程が複雑になってしまう場合には、運用体制とのトレードオフになります。

このように、4つのポイントを考慮しながらSaaSを選定していきましょう。SaaSは、一度導入したら長く現場で利用することになるので、使いやすいものを選択することが最も大事です。この点に注意して、SaaS製品を選択してみてください。

▶ SaaS製品導入のチェック 図表25-4

導入のしやすさ / 利用価格 / データ容量 / 運用のしやすさ

SaaSは手軽なイメージがあるが、これらのポイントを検討したうえで導入する必要がある

SaaSでデジタイゼーションを行う

SaaSを活用した具体的な事例を見ていきましょう。日本の食品流通の企業では、棚卸し業務は食品の鮮度管理のために頻繁に行われる現場業務の1つでありながら、棚卸票となる紙が介在するため、IT化が困難な領域でした。そこで、従来は手作業で行われていた棚卸のデータ入力業務を「Tegaki」というSaaSを導入することで効率化しました。まず、品名や数量が手書きで記入された帳票を、スキャナーを使って画像データに変換します。その画像データを「Tegaki」で読み取ることにより、帳票上の情報をすばやくデータ化。データ化された帳票は、そのまま在庫管理システムに登録され、商品在庫の過不足を瞬時に確認できるようになります。

従来、棚卸し帳票のデータ化には、帳票1枚あたり30分程度の処理時間を要していましたが、SaaSの導入により、10分程度まで短縮できるようになったのです。

データの運用方法

アナログ業務をデジタル化する際に併せて考えなければならないのが、データの運用方法です。今後のデータ活用を考えるなら、オンプレミス環境ではなくクラウド環境で管理するのが必須です。オンプレミスとクラウドの違いは 図表25-5 に挙げたとおりです。

セキュリティの都合上、閉ざされたオンプレミス環境で管理しなければならないケースもあります。しかし、クラウドのセキュリティも強固になってきているので、よほど機密性の高いデータでなければクラウドで問題ありません。ほかの業務システムからの利用を前提に、クラウドストレージの利用を検討しましょう。

このように、取得したデータをどこの業務で利用できるか考えてみましょう。クラウドを意識して、データをアクセスできる環境に格納することもDXを進めるうえで重要なポイントになります。

▶ オンプレミスに対するクラウドのメリット 図表25-5

オンプレミス

・データの移動が大変
・別サーバーからのアクセス設定がデータベースごとに必要

クラウド

・データの移動が容易にできる
・管理コンソールから操作するだけでアクセスを許可できる

Lesson 26 [デジタライゼーション]

デジタライゼーションの進め方

このレッスンのポイント

デジタル化したデータをビジネスプロセス上で活用することをデジタライゼーションといいます。このレッスンでは、レガシーシステムの刷新を例に、デジタライゼーションの基本的な考え方を解説します。

デジタライゼーションのゴール

デジタイゼーションでデジタル化したデータをビジネスプロセス上で活用することがデジタライゼーションです。とても幅広い領域に関わる内容ですが、ここでのゴールは、レガシーシステムを刷新し、ユーザーが扱いやすい業務システムを開発することとします。そこにはデータを活用する土台を構築するという目的もあります。デジタイゼーションでデジタル化したデータは、クライドなどに保存されているでしょう。それらのデータを必要に応じて利用し、また、インプットされたデータを利用可能な状態にします。単に業務システムの効率化だけを考えて設計すると、必要のないデータや解析に使用できないデータも膨大に増えてしまう恐れがあるため、デジタイゼーションと同様に、どのデータを活用したいのか、あらかじめゴールを見据えて開発していきましょう。

▶ デジタライゼーションのゴール 図表26-1

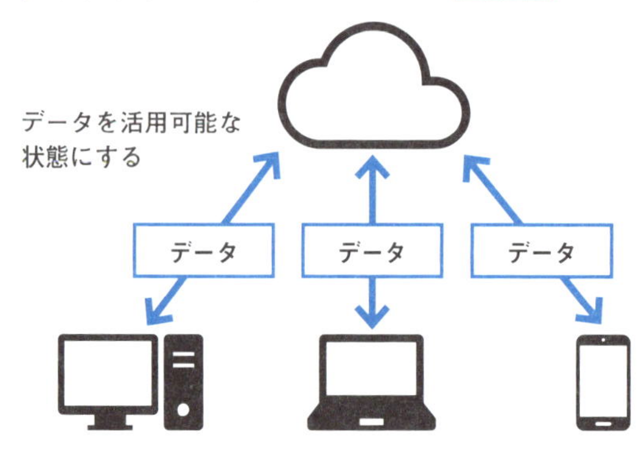

デジタル化されたデータを活用可能な状態にすることで、ビジネスプロセスを最適化する

開発の進め方

レガシーシステムを刷新するための工程を見ていきましょう（図表26-2）。従来の開発工程と大きな違いはありません。特に注力すべき工程は「企画」「設計」「開発」です。企画の工程では、ユーザーがシステムを操作しやすく、データを入出力しやすいユーザビリティを考慮することが重要です。その結果、業務効率化が行われてデータも集まってくるのです。そのためには、ヒアリングなどを通じて得た課題をしっかり把握して、解決策を考えていきましょう。

設計工程では、データに主眼を置きます。データが業務システムにどうインプットされ、どうアウトプットするのがよいか検討することが重要です。インプットされたデータの利用は、システム内だけで完結するものではありません。

開発工程で重要なのは、スピード感です。そのため既存のシステムをいかに効率よく改修していくかを考える必要があります。ユーザビリティを考慮したとしても、使ってもらえるかどうかはわかりません。失敗してもすぐに改善が行えるように、開発体制を構築します。

▶ デジタライゼーションの工程 図表26-2

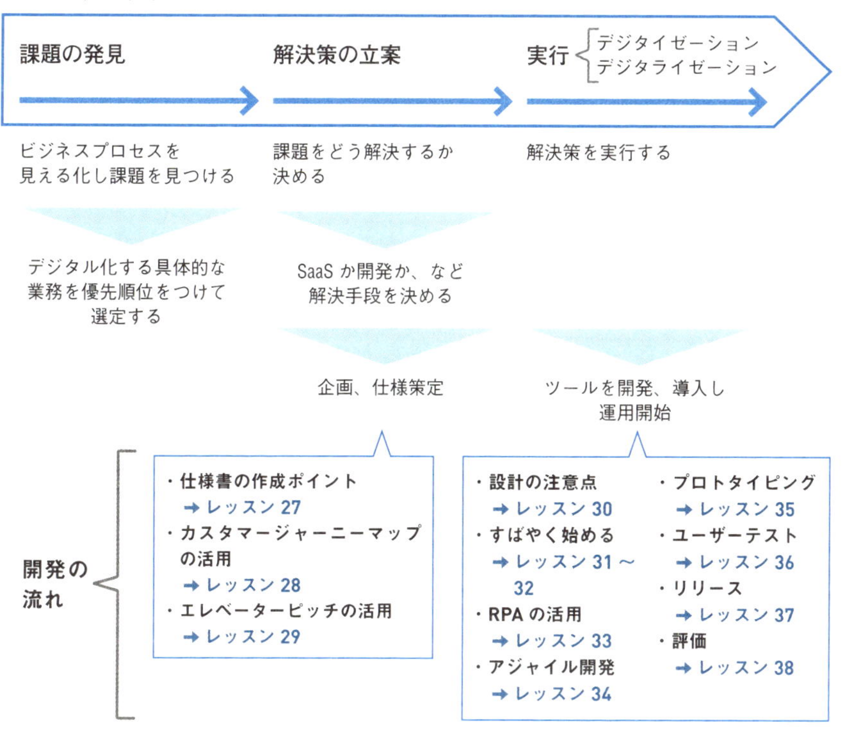

Lesson ［仕様書］

27 仕様書の作成ポイントを押さえる

このレッスンのポイント

開発の設計図が仕様書です。デジタライゼーションでは、ユーザー目線で「どの課題をどの機能で解決するか」が明確になっている必要があります。そのためのポイントを紹介します。

仕様書の作成手順

デジタライゼーションにおけるシステム仕様書は、解決したい業務システムごとに作成します。仕様書は、開発するための設計図です。ここまでのレッスンで見えてきた業務システム上の課題を、具体的にどういうプロセスに置き換え、どういう機能によって解決するかをまとめます。第2章では、ビジネスプロセスから課題をあぶり出しましたが、ここではユーザーの行動をもとに効果的な解決策を考えます。そうすることで、ユーザー目線の機能を設計できるのです（図表27-1）。ユーザー目線で仕様書をつくるには、カスタマージャーニーマップとエレベーターピッチを利用します。それぞれレッスン28とレッスン29で解説します。

デジタライゼーションでは、従来のシステム仕様書以上に、ユーザーの行動に向き合ったアイデアを考えることが重要です。システム視点の仕様書で開発してしまうと、ユーザーへの価値が伝わらず、利用されないシステムとなるでしょう。

▶ DX志向の仕様書 図表27-1

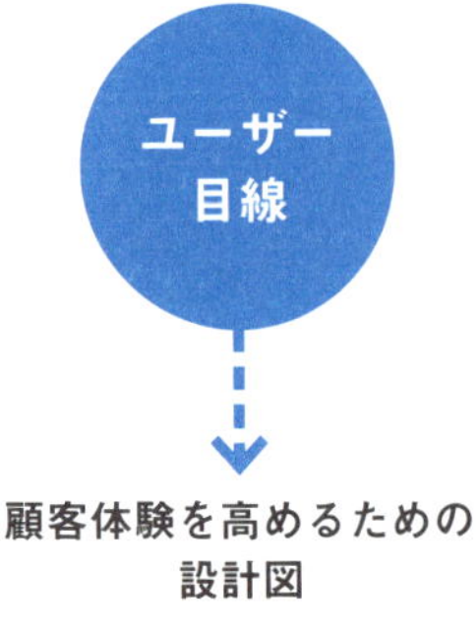

これまで見てきたように、見方を変えて開発に取り組むことが大切。どちらもゴールはユーザーのためという点で同じだが、視座が異なるとユーザー体験はまったく違ったものになる

UXとDXの関係性

ユーザー目線で仕様書をつくるという説明をしましたが、ここでしっかりと考えておきたいのがUXです。これはユーザーエクスペリエンス、つまり顧客体験のことですが、一歩進んで「顧客が体験する価値」ととらえましょう。

UXは非常に多くの内容を含んでいますが、DXの文脈で利用する場合には、「デジタル化によってユーザーが継続的に享受する価値」であると考えましょう。「継続的」というところが大切なポイントです。一般的に、価値は時間の経過とともに薄れていくものです（図表27-2）。一方、データは時間とともに増えていきます。このデータを価値に変え続けていくということが「継続的」の意味です。

たとえば、AmazonのレコメンドD機能がまさにこれです。これは数あるAmazonのUXのほんの一部ですが、その人の購入履歴や閲覧履歴を分析しておすすめ商品を提案してくれます。Amazonを使えば使うほどデータが溜まるため、よりニーズに合致した商品をおすすめ可能になるというわけです。データを活用したUX×DXの好循環ともいえるでしょう。

このように、ユーザーに対して常に新しい価値を提供できれば、自然とビジネスにつながって、売り上げが増えるでしょう。DXを実現させるためには、UXを最大限に考慮すべきという文脈につながるのです。日本ではDX＝業務効率化として定義され、業務効率化のためのUXで終わってしまうケースが多いのが現状です。そうならないためにも、データを活用するDXを実現して、ユーザーへ価値を還元するUXを目指しましょう。

▶ データを価値に変え続ける 図表27-2

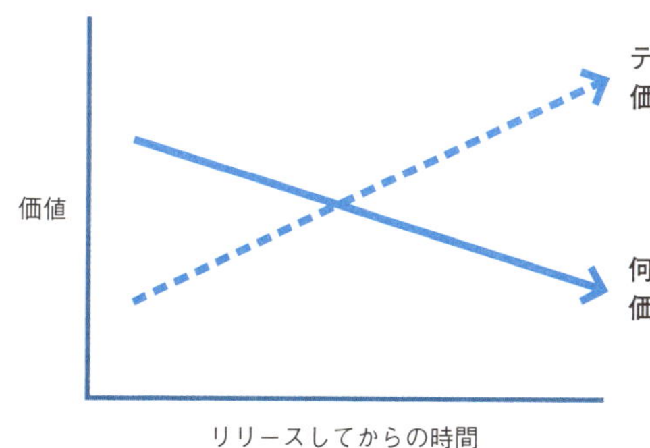

デジタル化によって得られたデータを活用しながら、継続的に価値を高めながら提供していく

ユーザーの気持ちに寄り添って仕様書を作成してみましょう。

Lesson ［カスタマージャーニーマップ］

28 カスタマージャーニーマップを開発に活用する

このレッスンのポイント

ユーザーが利用しやすいシステムを企画するためには、業務システムの課題を解決しなければなりません。ここではカスタマージャーニーマップを用いたビジネスプロセスのとらえ方を紹介します。

課題を解決して使いやすいシステムへ

会社の業績を左右する重要な業務システムが使いづらいと、データが集まらず、DXの実現は困難でしょう。そのため、売り上げに関わる業務システムは、操作性がよいことはもちろん、効率よく業務を捌ける機能が備わっている必要があります。
操作性についてはわかりやすいでしょう。たとえば半角数字を入力しなければならないフォームなら、自動的に入力モードが半角に切り替わるようにするだけでも入力効率が上がります。たとえばページの更新が遅いなら、コードを見直したりサーバーやネットワーク回線を増強したり、といった対応が考えられます。細かい部分ですが、小さな不便が積み重なるとユーザーの不満が高まります。それだけでなく、先ほどの例で全角と半角が混在していたらデータ運用上も支障があります。業務システムの企画を行う際は、ユーザーの不満となっている課題を解決し、データのインプットとアウトプットの動線まで考えることが大切です。

▶ 業務システムの改善ポイント 図表28-1

インプットからアウトプットまで、幅広い場面で課題を探る

ユーザーの行動から課題を見つけるカスタマージャーニーマップ

それでは、ユーザーの行動から課題を見つける方法を解説します。レッスン13のヒアリングのときに業務上の課題は見えてきましたが、どの操作に困っているのか、さらに詳細を把握していきましょう。ユーザーが業務を行っているときの行動を注意深く観察することで、本当に困っている課題を特定できます。

ユーザーの行動を見える化する手法に「カスタマージャーニーマップ」があります（図表28-2）。これは、マーケティング施策を考える際によく使われるツールで、ターゲットがどのような体験をしながら自社の顧客になるかをチャートで表したものです。

たとえば、どんな商売でもまずは顧客との接点をつくり、顧客に興味を持ってもらわなければなりません。そして興味を持ったら来店してもらって、商品を実際に体験し、気に入ったら購入に至る、というストーリーが描けます。このようなストーリーごとに顧客の行動や自社の対応を想定し、実際の施策に役立てるのがカスタマージャーニーマップです。

▶ カスタマージャーニーマップの基本イメージ 図表28-2

ペルソナ	都内で働く彼氏のいる 29 歳女性、美容に対する意識が高く 20 時以降は夕飯を食べない			
ステージ	認識	検討と評価	購入	購入後
シーン	探す	予約	来店	再訪問を検討
行動 タッチポイント	美容サイトで検索 ホームページで内容確認	SNSで口コミチェック 予約する	接客 シャンプー＆カット	デート 髪の仕上がり確認 カフェ休憩 誰かに伝える
心情	・会社帰りに寄りたい ・デート前に予約したい ・オシャレな美容師さんにカットしてもらいたい	・口コミで評価を確認 ・サロンの雰囲気を知りたい	・オシャレな美容師さん！ ・会話はつまらない ・私の髪質について、親身にアドバイスをくれる	・髪を褒められて嬉しい ・気持ちよくデートできた ・もっと髪を見てもらいたいのでブログに上げる
課題	・同じようなサロンが多く差別化ポイントがわからない	・美容サイトでは把握できない情報が多く、SNS を利用してしまう	・待ち時間が長い ・カウンセリングは事前にやりたいな	・自分の仕上がりを誰かに伝えたいが、気づいてもらえない

カスタマージャーニーマップを業務改善に活かす

カスタマージャーニーマップは、自社の課題解決にも役立てられます。業務システムのユーザーを顧客と考えて、シーンごとにどんな行動をどんな感情で行っているのか整理するのです。カスタマージャーニーマップを活用すると、ユーザーがどこでどんな課題を感じているのか、業務ヒアリングでは気づけなかったことを詳細に把握できるでしょう。その課題をSaaSなどのデジタルツールを用いて解決していくのです。
重要なのは、カスタマージャーニーマップがそのままビジネスプロセスを表していることです。カスタマージャーニーマップを用いて課題をデジタル化することは、すなわちビジネスプロセスをデジタル化することなのです。
カスタマージャーニーに必要な道具は模造紙と付箋、ペンだけです。もしスライド作成ソフトがあれば、それを使ってもよいでしょう。まずは 図表28-3 に掲げた書き方を参考に、左から右に向けて業務の流れを記載していきます。その後は、各項目の情報を左から右へ整理していきます。

カスタマージャーニーマップの書き方 図表28-3

項目	内容
ペルソナ	ターゲットとするユーザーがどんな人間か、できるだけ具体的に示す。特定の個人を思い描ける程度に詳しく記載するのがポイント
ステージ	ある商品や課題の存在に気づき（認識）、それについて詳しく調べ（検討と評価）、購入し、購入後にどんなアクションを起こすか、という大きな流れを示す
業務シーン	業務の流れを分解し、ステップごとに左から右へ記入する。Webサイトからデータを取得してレポート報告する業務なら、「データ取得」「データ加工」「レポート作成」「報告」のような流れになる。細かすぎない大きな流れを書くのがポイント
行動	各シーンにおける行動や手順を記入。「Webサイトでキーワード検索する」「Excelでマクロを実行する」「メールを送信する」などの1つ1つの行動を書き出す
タッチポイント	各シーンで扱っているデバイスやシステムの種類を記入。PCやスマートフォン、業務システム名、ツールなどを利用しているものはすべて書くのがポイント
心情	そのシーンにおける業務を行っているときのユーザーの気持ちを考えて記入。うれしいことはもちろん、困っていることを書くのが重要。データ入力が多くて面倒に感じているのか、ダウンロード時間が長いと感じているのかなど
課題	まとめとして、各シーンにおける課題を書き出す。4つの情報から、小さい課題から大きい課題まで、不満に思っていることをすべて書き出すことが大事

Webサイトからデータを取得してレポートを作成する業務の場合の例

課題を見つける最善の方法はユーザーになりきってみること。第三者の立場から、自分が現場で業務を行っている気持ちになって、情報整理するのが大切です。

ユーザーが困っている大きな課題を見つける

「カスタマージャーニーマップ」でビジネスプロセスを把握したら、プロセスごとに詳細を把握します。その過程で課題は複数出てくるので、まずは1つに絞ってデジタライゼーションを行います。

たとえば、各支店の店長が天候データと店舗の売上データの相関関係をExcelで分析していたとしましょう。全国各地の店長が、それぞれ手元のExcelで大量のデータを整理して、それをメールで集めて本部のマーケターが集計しています。ちょっと考えただけでも効率化できそうですよね。特別なツールを使わなくても、Googleスプレッドシートなどにデータをアップするようにするだけで、メールに添付ファイルをつけて送信するという手間がなくなります。本部のマーケターも、全国から送られてくるファイルを開いて集約して、といった作業から解放されます。

なお、このあとレッスン32で解説しますが、そもそもその業務が必要なのか、という観点も必要です。

▶ カスタマージャーニーマップから課題を抽出する 図表28-4

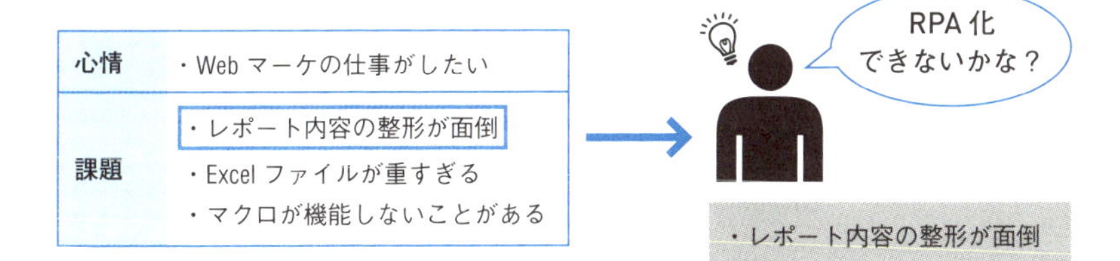

複数の課題のなかから、1つに絞ってデジタライゼーションを行う

このように課題に対して解決策を提示するには、自分自身がアンテナを張り巡らせて、代替となるサービスの情報収集を行っておく必要があります。

Lesson 29 ［エレベーターピッチ］

ユーザーへの提供価値を絞る

このレッスンのポイント

課題が特定できたら企画を進めていきます。課題から解決策を考えて仕様書にまとめましょう。ユーザーはどんな解決策を望んでいるのか、ユーザーが得られる価値を1枚の資料にまとめることがポイントです。

ユーザーの価値をまとめるエレベーターピッチ

課題の解決策を考えて行きましょう。課題が解決したらユーザーはどんな価値を得られるのか整理していきます。価値を整理するためには、解決策をシンプルに説明できることが必要です。

この価値について、「エレベーターピッチ」と呼ばれるテンプレートを活用すると効率的にまとめられます。これはエレベーターでキーパーソンと一緒になったときに、エレベーターを降りるまでのわずかな間にアイデアなどをプレゼンしてしまうというテクニックです。要するに、15秒から30秒程度の短い時間内で説明できる程度に考えをまとめておくということですが、これを企画のドキュメントに応用することで、端的に主旨をまとめ、伝えることができます。

▶ エレベーターピッチに記載する内容 図表29-1

項目	内容
ニーズ（課題）	一番困っているのはどんなことか、カスタマージャーニーマップで特定した課題を1つに絞って記載する
ユーザー	対象のシステムを利用するユーザー。具体的にどの部署の誰が何を行っているのかまとめる
解決策	ユーザーに提供するのはどのような機能か、課題の解決策を考えて、40字程度にまとめる。40文字に表すことでシンプルな機能になる
価値	解決策によって得られる価値は何か。データのダウンロード速度が2倍になる、Excelのデータ加工作業がなくなるなど、ユーザーがよろこぶ価値をまとめる
今のやり方との差別点	その解決策が、今の作業よりも優れている点はどこか。ここに記載する内容が曖昧な場合、企画した内容ではなく、従来のままのほうがよかったということになりかねない

エレベーターピッチの考え方をもとに整理すると、誰が見ても理解しやすいドキュメントができる

価値を比較する

エレベーターピッチでは、図表29-1に挙げた5つの観点から価値を比較してまとめていきます。まとめた実例は図表29-2を参考にしてください。
このようにエレベーターピッチのテンプレートを活用して、1つの課題に対する解決策と価値を整理することで、作る機能もシンプルになっていきます。特に意識せずに解決策を考えると機能のアイデアが複数出てきます。しかし、多くの機能を実装してしまうと、新しいシステムなのに使いづらくなってしまいます。そのようなことを防ぐために、価値を1つにまとめて、ユーザーが使いやすく、データが集まりやすいアイデアを考えてみてください。

▶ エレベーターピッチのテンプレートの実例 図表29-2

エレベータピッチシート

課題を整理する	利用ユーザー	価値を整理する
どのくらい困っている？	**どんな人？**	**あなたのアイデアは？**
課題内容：レポートの整形が細かい作業で面倒	マーケティング部門の新卒1年目	どんな解決策？：朝、席についたらレポートが自動生成、RPAによる半自動化レポートロボット
頻度：1日1時間程度時間を拘束されてしまう	**どんな特徴？** ・Excel操作は苦手 ・PCの扱いにも慣れていない	嬉しいポイント：レポート作成する手間がなくなる
現在の解決方法		**今の解決策より優れている点**
解決方法：マクロと関数を使って解消しているがすべて自動化できていない		優れている点： ・レポートを作成する必要がないので別業務にあたることができる ・RPAがレポートを生成するため、限られたデータだけでなく必要なデータはクラウドで保管できるので拡張性が上がる
理由：Excelのなかで解決できるやり方がほかに思い浮かばないため		

中央にターゲット、左側に課題、右側に解決策を書く

ここまでにつくったカスタマージャーニーマップとエレベーターピッチで、開発すべき機能は見えています。ここから先は、実際に開発するエンジニアにバトンタッチします。

Lesson 30 ［設計］

データを正しく取得するための設計方法

このレッスンのポイント

ここまでのレッスンでユーザーの課題を解決するシステム仕様書が完成しました。この開発でデータまわりをどのように設計しておけば、この先のDXにてデータ活用できるのか、設計のポイントを解説していきます。

データを野放しにしない

デジタライゼーションの目的は、繰り返しになりますが、ブラックボックス化したレガシーシステムを新しい業務システムに刷新してデータを集約することです。このとき注意しなければならないのは、個人個人の業務PCに保存されているデータがあるということです。たとえばマーケターがデータ分析を行うにあたり、Excelを使っていたとしたら、そのデータはマーケター個人の業務PCにしか存在していない、ということになります。そういう場合は、そのExcelからCSVなど汎用的な形式にデータをエクスポートして、導入したSaaSなどにインポートする作業が必要です。個人の業務PCはブラックボックスになりがちです。ここを野放しにせず、デジタライゼーションのタイミングですべてのデータをクラウドに保存するようにしましょう（図表30-1）。

▶ デジタルデータになっていても活用できない状態 図表30-1

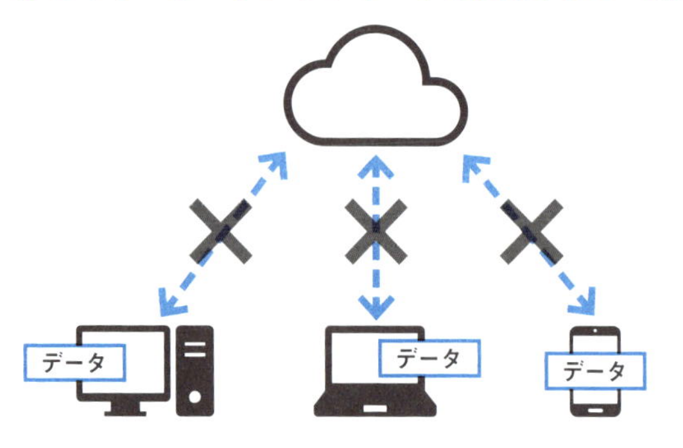

データがデジタル化されていても、ローカルPC内で管理してあるとデジタライゼーションできない

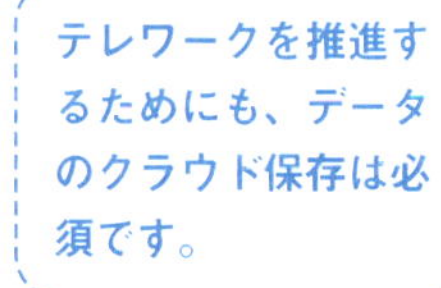

データの流れをつくる

デジタライゼーションを行ううえで意識すべきは、データの流れです。業務システムを開発すると、UIばかりに気を取られがちです。もちろん使いやすいUIも必要不可欠ですが、データをどこに集めるのか考えておくことが最重要です。
業務システム内に集められたデータは、分析作業などを行う想定になっていないため、そのままでは扱いが難しいことがほとんどでしょう。分析などに活用する場合は、業務システム内のデータを別のデータベースに移動する必要があります。この作業には、データを出し入れしやすいインフラが必要です。
活用方法が固まっていないデータを形の整ったデータベースに入れても、また作り直すことになってしまうでしょう。そのため、一度データを溜めて、活用したいときに加工するやり方がDXには適しています。

データ取り出しやすくする

データの流れと合わせて、業務システムからデータを取り出しやすい設計も行っておきましょう（図表30-2）。なぜなら、このような設計をしておくと、取得したデータが活用可能なのかどうか、業務システムを運用しながら、データの利用価値について判断することからです。前述のように稼働中の業務システム内のデータは、すぐに抽出して使えるようになっていません。稼働していない夜間にデータを取得する方法もありますが、タイムラグが生じたデータとなってしまい、リアルタイムな活用には向いていません。
そこで、データを1か所に溜めた後、ExcelやAccess、BIツールなどでつなぎ、すぐにデータを見られる環境が重要になってきます。このような環境を設計できれば、データをリアルタイムに確認して、ビジネスの利用価値を検証できるでしょう。業務システムとデータはセットで利用することを設計してみてください。

▶ データは活用しやすい設計に 図表30-2

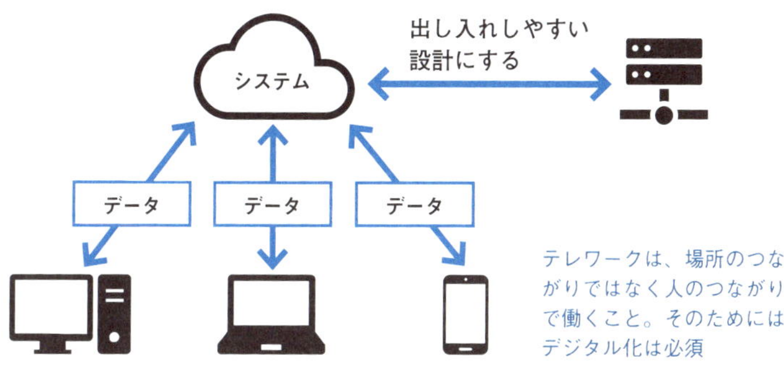

テレワークは、場所のつながりではなく人のつながりで働くこと。そのためにはデジタル化は必須

Lesson 31 [開発方法]

デジタライゼーションをすばやく始める

このレッスンのポイント

ここまでのレッスンで、デジタライゼーションを行うビジネスプロセスは選定できたでしょう。このレッスンでは、すばやくデジタライゼーションを行い、すばやく結果を出すための開発方法を眺めます。

使いやすさにこだわるなら、すばやいリリースが必要

業務システムは、完璧なものをつくらなければならないイメージがあるかもしれません。しかし、ユーザビリティという観点で考えると、完璧さはデメリットになる可能性があります。なぜなら、リリース後に修正を行うのが普通だからです。リリース時の完成度を高めれば高めるほど、修正コストがかさみます。

そのため、完璧さを求めず、ある程度のクオリティですばやくリリースすることを目指しましょう。そうすることでユーザーの声が反映でき、結果としてよりよいシステムに仕上がります（図表31-1）。

▶ すばやくリリースするメリット 図表31-1

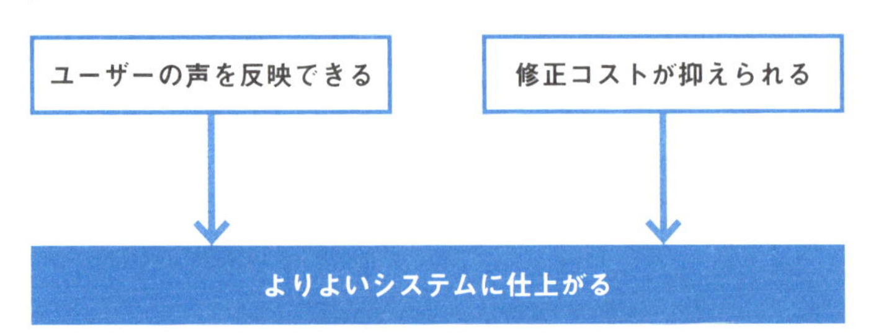

完璧な状態でリリースすると、修正のハードルが高くなり、結果コストもかかる。
時間をかけるほどユーザーの落胆度合いも増し、さらにハードルが上がる

つくらずにデジタライゼーションを実現する

デジタライゼーションをすばやく行うためにまず活用したいのは、これまでもたびたび紹介したSaaSです。デジタイゼーションでも活用しましたが、実現したい業務システムごとにさまざまなSaaSがリリースされています。月額数千円程度から利用できる点は大きな魅力です。カスタマージャーニーマップで各業務フローを把握したうえでSaaSに切り替えると、無駄なシステムを自社で開発せずに済みます。

また、SaaSに業務を移管することで、業務データがクラウドに溜まります。ここから社内の別のシステムと連携できる点もSaaSを利用するメリットといえます。詳しくは次のレッスン32で解説します。

ユーザビリティをすばやく検証する開発方法

SaaSを使わず、自社で開発する場合は「アジャイル」という手法を取り入れましょう。システムなどの開発手法は 図表31-2 のように大きく2通りあります。1つはウォーターフォールといって、水が上から下へ一方向に流れていくように、最初に設計したスケジュールや仕様どおりに開発を進める方法です。進捗がわかりやすい反面、柔軟な対応ができないというデメリットがあります。もう1つがアジャイルです。アジャイルは「すばやい」という意味ですが、細かい機能単位でリリースし、ユーザーの反応を取り込みながら改善を繰り返すという開発手法です。ウォーターフォールだと後戻りができず、また最初に固めた仕様通りにつくることが求められるため、途中で新しいニーズを取り込んだり、機能を追加したりすることができません。一方のアジャイルは、そういったウォーターフォールの欠点を補った開発手法といえます。しかし、計画や仕様が曖昧になる可能性があります。

▶ ウォーターフォールとアジャイル 図表31-2

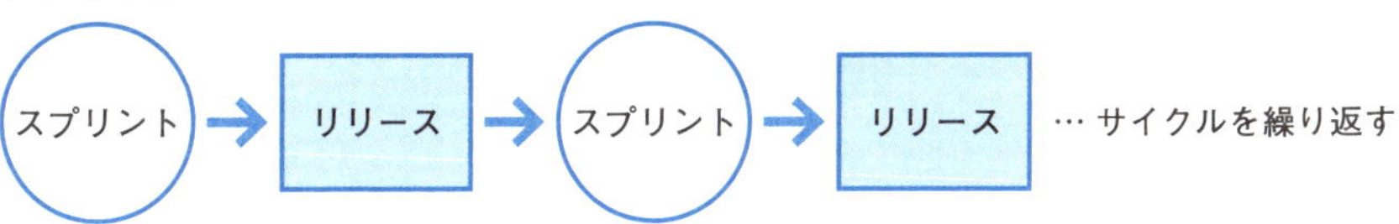

ウォーターフォールは各工程を完了させながら完全な形でリリースするのに対し、アジャイルはスプリントという一定期間で開発し小さくリリースする、というサイクルを繰り返して価値を高めていく

Lesson 32 [業務のスリム化]

開発をしないデジタライゼーション

このレッスンのポイント

これまで解説してきたとおり、すばやくデジタライゼーションを実現するにはSaaSを導入するのが最も近道です。そして、その前にぜひやりたいのが「そもそも業務をなくすこと」です。

対象業務をなくす

デジタライゼーションの前にまず行うべきことは、「その業務をなくせるかどうか」の検討です（図表32-1）。社内業務は「もともとあるからやっている」というケースも多く、よくよく考えると実は必須業務ではないということがあります。たとえば、誰が使うかわからないレポートの作成、読まれているかわからないニュースや記事の配信などありませんか？

これらをなくすことができれば、業務工数の削減はもちろん、ほかの重要な業務に時間を割くことが可能になります。当たり前を疑うことができている現場は少ないと思います。DXプロジェクトのチームが第三者として入るからこそ、見直すきっかけになります。SaaSを導入する前に必ず見直すようにしましょう。

▶ その業務が本当に必要か考える 図表32-1

当然のように行っている業務が本当に必要なものか考えるところからスタート

対象業務を減らす

業務をなくせることがわかったとしても、いきなり実施するのは難しいかもしれません。その場合は、回数や頻度を減らす方向で考えてみましょう。
たとえば、毎週定期的に出力しているレポートがあれば、月1回にできないか考えます。会議なども同様です。業務量が減るとシステムに対する負荷も減ります。「なくす」と「減らす」はセットで考えていきましょう。
そうして残った業務を、まずはSaaSに移行します。SaaSで実現できなければ、フルスクラッチで開発する。これがDX化の原則です。

▶ 残った業務をデジタル化する 図表32-2

業務をふるいにかける

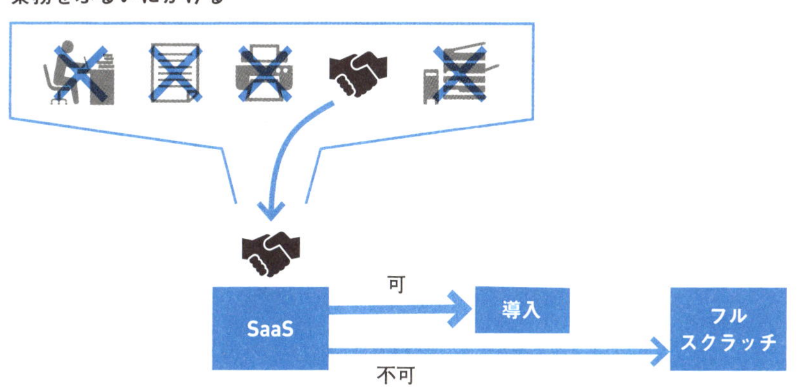

まず業務自体が必要かどうかふるいにかけてから、SaaSで置き換え可能かを検討し、それが無理ならフルスクラッチで開発する

ワンポイント フルスクラッチで開発する

業務フロー見直しとシステム再構築を行い、すべてをイチからつくるフルスクラッチ手法。基盤のアーキテクチャが老朽化していたり、改修に耐えられなかったりする場合は選択をせざるを得ないでしょう。
しかし、システムの老朽化に起因しない場合には、あまりおすすめできません。基幹系のシステムであるほど、老朽化が進んでいて、再構築してしまいたくなるのですが、DXの最初に取りかかるにはリスクが大きすぎます。さらに、1つの大きなシステム改修に時間が取られて、長期間、ほかの課題解決が何もできないといった状況になりかねないためです。
デジタライゼーションという言葉が先行すると、既存システムを大規模な改修できれいにしたくなりますが、グッと堪えて、ほかの手法を試してからフルスクラッチに取りかかることをおすすめします。

Lesson [RPA]

33 RPAで人の作業をデジタル化する

このレッスンのポイント

これまで、ビジネスプロセスをデジタル化する手段を解説してきましたが、人が行っている作業をそのままデジタル化することもできます。デジタライゼーションの選択肢の1つとして、RPAの検討も行いましょう。

RPAはシステムをつなぐ絆創膏のイメージ

働き方改革に伴う業務自動化の推進によって、RPA（Robotic Process Automation）を導入する企業も増えてきました。デジタライゼーションを行ううえで、RPAは業務システム同士をつなぐ絆創膏のように活用できます。これによって大きな開発をせずに業務効率化が実現できるのです。

ここまでSaaSの利用を推奨してきました。たしかにSaaSは手軽に導入できますが、「SaaSの画面を操作する」という業務が新たに発生します。SaaSで作成したデータを別のシステムに入力したいケースもあるでしょう。そこでRPAを活用すると、人手を介さずにSaaSやほかのシステム間で、大量のデータを安定して流すことができるのです。人の作業そのものをデジタル化するという場合に、選択肢としてRPAの導入を考えるとよいでしょう。

人の作業を代替えしてくれるRPAですが、万能ツールではありません。たとえば、UIが複雑な業務システムを扱う場合や、ルールが多い業務は向いていません。

その一方で 図表33-1 に挙げた例のように、企業内の多くの業務でRPAが活用できます。これらに共通してるのは、何度も繰り返す「面倒な」作業です。RPAを適応させる際に参考にしてみてください。

ロボットは決められたルールに従って処理を行います。業務システムでは、イレギュラーな処理が必ず発生します。すべてのイレギュラーを考慮したロボットを作成すれば解消できますが、現実的ではありません。

本書籍ではRPAについて詳しく触れませんが、開発を効率よく行える方法として覚えておくとよいでしょう。

▶ RPAに向いている業務のリスト 図表33-1

想定される部門	業務の例	業務の内容
共通	連絡、督促	入力依頼したフォームへの入力状況のチェック、督促メールの配信
	定期書類発行	定期的に各種システムから利用状況レポートなどを配信
	メール送受信	メール内容から送信先を振り分ける。定型メールを配信
	書類スキャン	スキャンした書類をPDF化し、業務システムに登録
営業	見積発行	見積依頼から自動的に見積を発行
	競合サイト巡回	競合サイトを巡回し、掲載情報をまとめたレポートを作成
	販売状況調査	自社サイトを巡回し、販売状況をまとめたレポートを作成
	日報作成	営業管理ツールなどの数値をもとに定型レポートを作成して送信
	CRM入力	顧客管理システムにデータを入力
	レポート作成	顧客向けに広告の効果や販売状況などの定期レポートを送信
経理	売掛・入金	入金情報に応じて、回収リスト、消込、システムへの入力を行う
	買掛・支払	支払情報に応じて、支払リスト、消込、システムへの入力を行う
	資産管理	資産台帳に応じて、会計システムへの入力、税務提出書類の作成
	請求書データのシステム入力	売上管理システムの入力に応じて、請求書を生成し送信
	交通費精算確認	社員が入力した交通費を乗換案内サイトで照合
	預金残高作成	オンラインバンキングシステムなどで預金残高を照会して取得
人事	過重労働管理	勤怠システムをチェックして、過重労働者へのメールで通知
	人事考課管理	人事考課の入力状況を確認して、未入力者への督促メールを送信
	給与台帳作成	給与の変更などに応じて給与台帳を更新
	採用システム入力	各媒体のデータを採用管理ツールにアップロード
	媒体利用	各媒体のスカウト検索、メール配信
監査	反社チェック	特定のキーワードを検索し、引っかかる場合に通知
	与信チェック	業務システムで与信可能企業か照会し通知
経営企画	経営向けレポート発行	経営会議などの会議体に応じて、各種システムから情報を取得してレポートを作成
	稟議書チェック	稟議書の項目をチェックして、NGのものを戻す
制作	ECサイトの受注処理	自社ECサイトの受注に応じ、問屋へ商品の発注依頼を送信
	原稿掲載などの入力	掲載依頼に応じ、テキストを取得して自社サイトなどに原稿を掲載
カスタマーサポート	問い合わせ対応	問い合わせメールに対して定型メールを返信

Lesson ［アジャイル開発］

34 アジャイル開発の進め方

このレッスンのポイント

外部環境に左右されないビジネスを構築するのがDXであり、環境に応じてスピーディに開発を行う必要があります。この開発を支えるのが「アジャイル」という手法です。アジャイル開発の特徴や進め方を見ていきましょう。

○ アジャイル開発が適している理由

レッスン31で紹介したアジャイル開発を詳しく見ていきましょう。この手法のすぐれている点は、機能単位ですばやくリリースして、ユーザーの反応を確認できることです。フル機能でなくても、一部の業務からリリースすることで、ユーザビリティだけでなく、ビジネスニーズにも柔軟に応えられるのです（図表34-1）。
2020年は新型コロナウイルスの影響もあり、環境変化に対応できる経営が求められるようになりました。テレワークへの対応など、業務システムに対する要望もより一層強くなっており、業務システムのリリースのみならず、ビジネス自体のスピードアップが求められています。
このように、環境変化が大きい市場において、強みを発揮する開発手法がアジャイルです。アジャイル開発は、計画や仕様がわかりづらいため、この手法に対する現場の理解とエンジニアのチームづくりが重要です。具体的にアジャイル開発の特徴を見ていきましょう。

▶ アジャイル開発のメリット 図表34-1

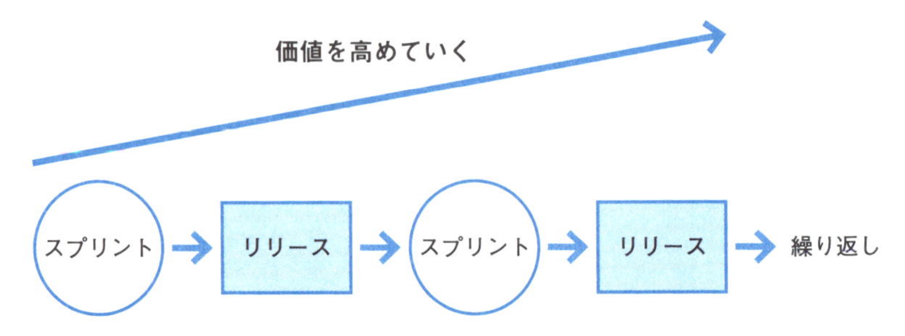

短期間で開発とリリースを繰り返すことによって、ユーザーの反応を取り入れながら継続的に価値を高められる

少しずつ、繰り返して形にする

アジャイルのコンセプトは「少しずつ形にする」です。想定した通りに開発が進まないプロジェクトが増えるなかで、少しずつつくることでそのリスクを減らします。こまめにフィードバックをもらうことでそのつど修正できるからです。
少しずつ機能を積み上げて開発していくため、頻繁に機能の結合が行われ、そのつどプロダクト全体の整合性を取る必要があります。この機能の結合で問題が起きやすいため、開発チームでは対策をしておかねばなりません。
そして重要なコンセプトがもう1つあります。それは「繰り返しつくる」です。これは、「少しずつ形にする」の工程を一定期間に決めて、その期間を1単位として繰り返しリリースしていくという意味です。「スプリント」や「イテレーション」とも呼ばれているアジャイル開発の象徴的な手法です。
繰り返しとはどういうことかというと、この期間に小規模なウォーターフォール開発を繰り返しているイメージです。アジャイル開発でも最初に要件定義を行い、ゴールを決めます。そして、開発した機能をユーザーに利用してもらい検証します。このように、ウォーターフォールと流れは同じなのですが、1〜2週間という短い期間で行わなければなりません。これを実現するには、つくるべき機能のゴールは大きすぎてもだめで、ドキュメント作成やテストの実行を従来と同じやり方でやっていては間に合わないのです。
このように、「少しずつつくり、繰り返し改善していく」ことでユーザーが使いやすいシステムを開発していくのがアジャイル開発の進め方です（図表34-2）。既存のエンジニアチームでいきなり導入するにはハードルが高いのも事実ですが、作成する機能を小さくして、複数回こなしていくうちに、段取りも慣れてくるはずです。

▶ 最小の機能でリリースし、積み上げていく 図表34-2

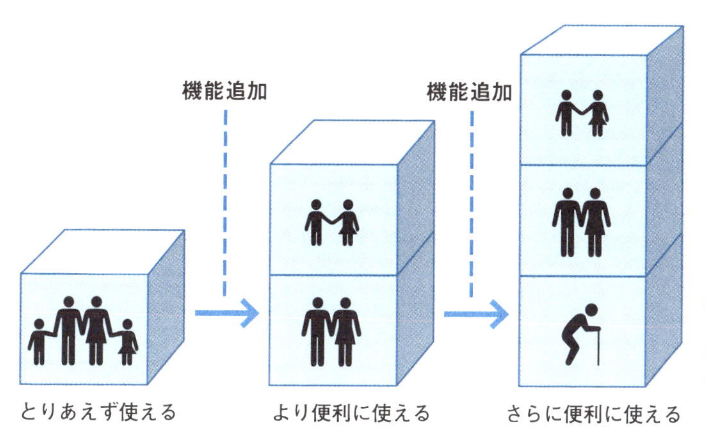

Lesson 35 [プロトタイピング]

プロトタイプを使って検証する

このレッスンのポイント

企画した機能が期待通りになっているか、確認する方法を紹介します。プロトタイプを見せるやり方ならば、1週間程度でユーザーの反応が確認できて、開発の手戻りも減らすことができるでしょう。

プロトタイプで検証する

実現したい機能が意図通りにできているかはすぐに試したいことでしょう。ユーザーの反応も気になります。そこで活用したいのが「プロトタイピング」です。これは「プロトタイプ」、すなわち模型を使った検証方法です。模型というと、自動車や飛行機、住宅など現実のモノを想像しますが、ソフトウェアやサービスでも同じように模型をつくって、実際の動きなどを検証します。プロトタイピングでは、「①画面項目の確認」「②デザインの確認」「③画面遷移の確認」「④一部機能の確認」など検証の目的に応じたプロトタイプを作成します（図表35-1）。

ワンポイント 使い勝手が悪いと信用を落としてしまう

現場と開発側の意思疎通のためにもプロトタイプによる検証は重要です。たとえば、3か月かけてシステムを開発したとしましょう。現場は待望の新業務システムということでワクワクしているはずです。リリース直前に現場と一緒にテストを行うと思いますが「前のほうがよかった」といったコメントが出てくることもあります。
開発側からすると、仕様変更をいまさらいわれても困るでしょう。しかし、開発側がそのような反応を示すと、現場の信頼を失ってしまいます。ここで現場の声に傾けて付き合う姿勢が、過去の業務システムと同じような悪循環に陥らせないためにも重要なのです。

▶ プロトタイプの流れ 図表35-1

① 画面項目の確認

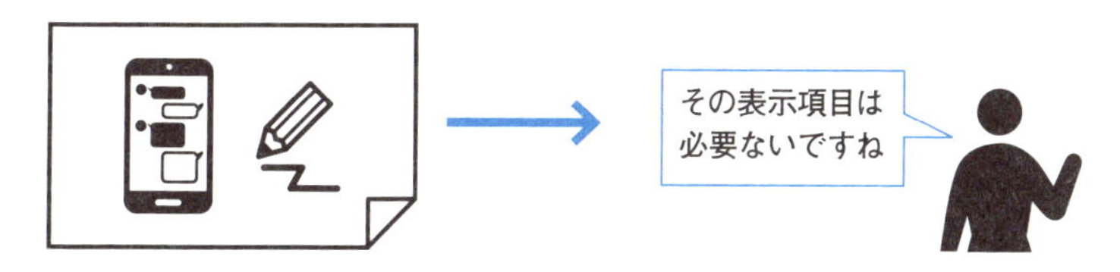

ワイヤーフレーム（画面の枠組みだけを表した図）を用いて画面項目を確認する方法。紙とペンがあれば作成できるため、もっとも低コストで検証可能。どの画面に、どんな機能があり、どんな項目を表示する必要があるのか。次にどの画面に遷移するのかを確認する

② デザインの確認

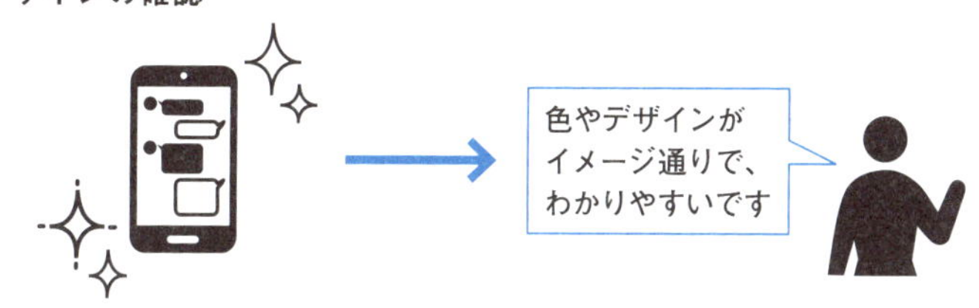

デザインカンプ（デザインのたたき台）を作成し、実際の画面イメージを確認する方法。①にデザインが加わったもので、ボタン配置や色合い、トンマナなどのビジュアル面も検証できる

③ 画面遷移の確認

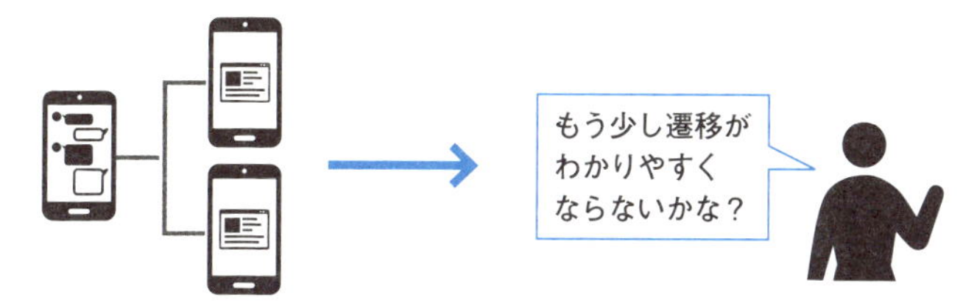

②をHTMLで構築したもの。HTMLモックともいう。デザインに加えて、具体的な動きを検証可能。画面遷移時の実際の動作、入力フォームの動作、ほぼ実際のシステムと変わらない部分まで確認できるため、開発前に必ず作成する

④ 一部機能の確認

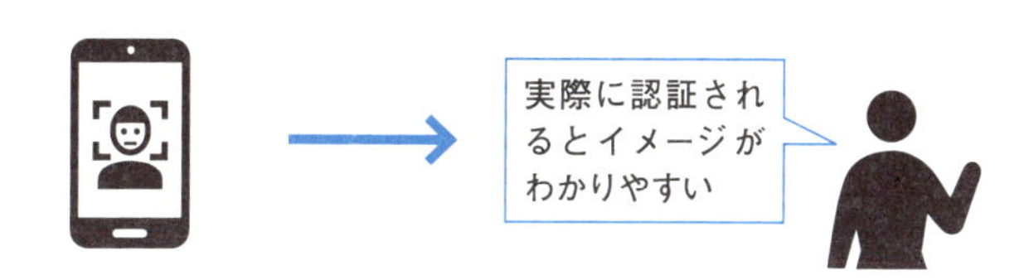

一部の機能を実際に開発して検証する。たとえば項目数の多い画面を開発して実際にユーザーに入力してもらって動作を検証する。開発環境を試す意味でも有効だが、プロトタイプの中では最も手間がかかる

Lesson 36 [テスト]

ユーザーテストの注意点

このレッスンのポイント

開発して利用可能な状態になったらテストを行います。通常のシステム開発のテストと大きな違いはありませんが、このレッスンでは気をつけたいポイントをかいつまんで解説していきます。

現場のユーザーとテストを行う

機能が完成したら、不具合がないか、意図したように動き、ユーザーが使いやすいものになっているかを確認します。デジタライゼーションのテストは従来の開発と大きな違いはありませんが、ポイントを紹介しておきましょう。

まずは現場でユーザーに使ってもらうことです。従来のビジネスプロセスに比べて使い勝手はどうか確認します。エンジニアは、さまざまなパターンがある業務プロセスのすべてを把握できません。つまりエンジニアによるテストには、抜け漏れが付き物なのです。そこで、現場のユーザーに協力してもらい、現場ならではの経験と知識で、過去のトラブルも考慮してテストを行います。こうすることで、既存のシステムとの整合性や連携がスムーズに行えて、隠れていたバグなども発見できるようになります。

▶ 現場におけるテストが重要 図表36-1

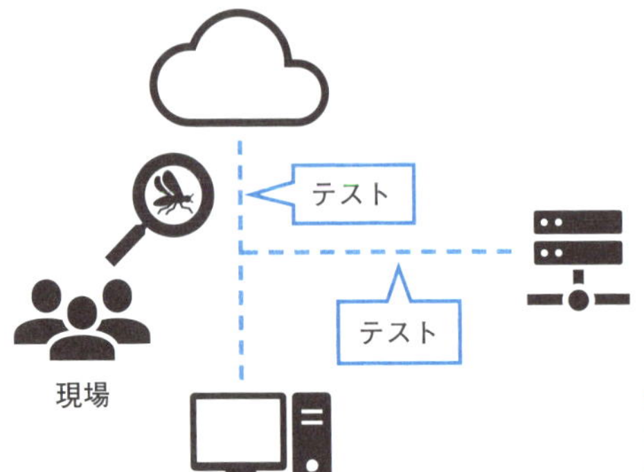

業務の現場で実際にテストを行い、バグがないかチェックする

テスト環境と本番環境を揃える

通常、テストは専用の環境（PCやサーバーなど）で行うため、実際に本番として利用する環境と異なる場合があります。その結果、テストはうまくできたのに本番は不具合が発生する、ということがあります。これを防ぐには、テスト環境と本番環境を揃えるしかありませんが、同スペックの環境を2つ揃えると費用が掛かりすぎてしまいます。
しかし、テストの期間だけクラウド上に本番と同じスペックの環境を立ち上げて、本番環境に合わせることをおすすめします。このように構成やスペックを合わせることで、十分に信頼のおけるテスト結果を得られるためです（図表36-2）。業務システムのテスト環境にはあまり投資をしていないケースが多いでしょう。しかし、環境の変化にスピーディーに対応するためには必要な投資です。

個人情報をマスキングした本番データを準備する

テスト環境と合わせて準備しておきたいのは、テストデータです。テスト用にダミーデータを作成することもありますが、なるべく本番環境のデータを利用したほうがリリース後の障害リスクを減らせます。
たとえば、一部のテストデータしか作成しなかった場合、本番環境に存在しているイレギュラーなデータを見逃してしまいます。このようなデータはしっかり定義がされたシステムであれば存在することはありません。しかし、デジタライゼーションを行う対象のシステムになると、過去の歴史が追えないシステムも多いことでしょう。どんなリスクが潜んでいるかわからないのです。

▶ テスト環境は現場の環境と同じがベスト 図表36-2

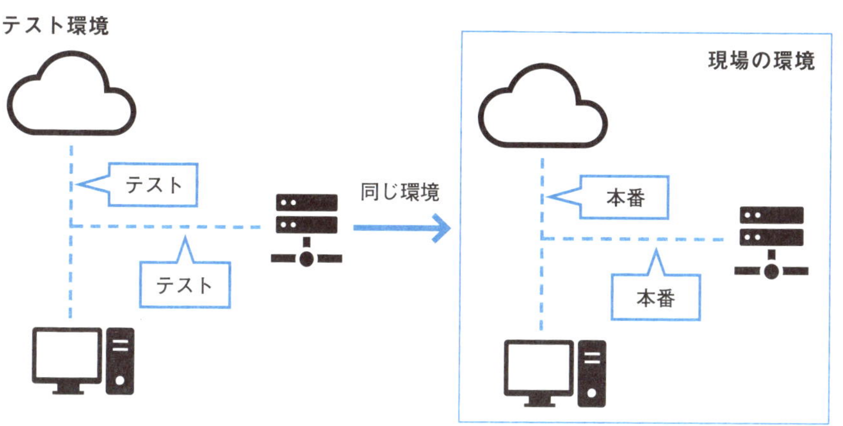

テストは本番と同じ環境で行うことが必須

Lesson 37 [リリース]

成功するリリース方法

このレッスンのポイント

DXプロジェクトを進めていると業務の繁忙期などの都合で、想定したスケジュールでリリースできないことが起こります。現場業務への負担を考慮したリリース方法を解説していきます。

業務影響とリスクを下げるリリース方法

ユーザビリティの高いシステムを開発できたら、残すはリリース作業です。しかし、稼働中の業務システムがある場合、トラブルを起こさないためにも、切り替えには入念な計画が必要となります。

たとえば、業務システムのリリースは、各業務の状況にもよりますが 図表37-1 の「一斉切り替え」「一機能をリリース」「並行稼働」の3パターンに分類できます。「一斉切り替え」は通常行われているリリース方法で、効率のよい方法ですが、切り戻しパターン、障害時の対応方法など、リリースまでに準備することは多くなります。

「一機能リリース」は、アジャイル開発を選んでいた場合に有効です。段階的に機能をつくっていくため、ほしい機能のリリースタイミングを調整できます。大きくリリースすると時間もリスクも大きくなります。しかし、小さく早くリリースすることでそういったリスクをなくし、成果もすばやく得られるでしょう。

そして、「並行稼動」のメリットは、なんといっても新システムの使い勝手を実業務で試してから本番に導入できることです。そのため、少ないリスクで導入できます。デメリットはシステムを2つ運用するので、現場の作業やデータの扱いが煩雑になることです。

ここでも現場目線が大切です。

業務切り替えは二度リハーサルを行う

リリースに伴うシステムの切り替え方法を紹介しましたが、リリース時に安全を期すため、リハーサルは二度実施しましょう。リハーサルは準備に時間もかかるし、面倒です。確かにその通りなのですが、業務システムの場合には、事前にこの面倒を乗り越えることでリスクが大きく下がります。

一度目は「リハーサルのためのリハーサル」といってもよいかもしれません。リハーサルですらうまくいかないと考えたほうがよいでしょう。予期せぬトラブルが起こると思いますが、むしろ起こってよかったと思いましょう。

そして、二度目が本番に向けたリハーサルです。手順は本番を想定した2回目になりますが、1回目の失敗を参考に本番のリリース開始時間と同様のタイムスケジュールで実施してみましょう。

このように、リハーサルを手厚く実施することで、本番への導入リスクが大きく減ります。動いている業務システムへのリリースは見えないリスクも多いので、念入りに準備を進めてみてください。

▶ リリースのタイミング 図表37-1

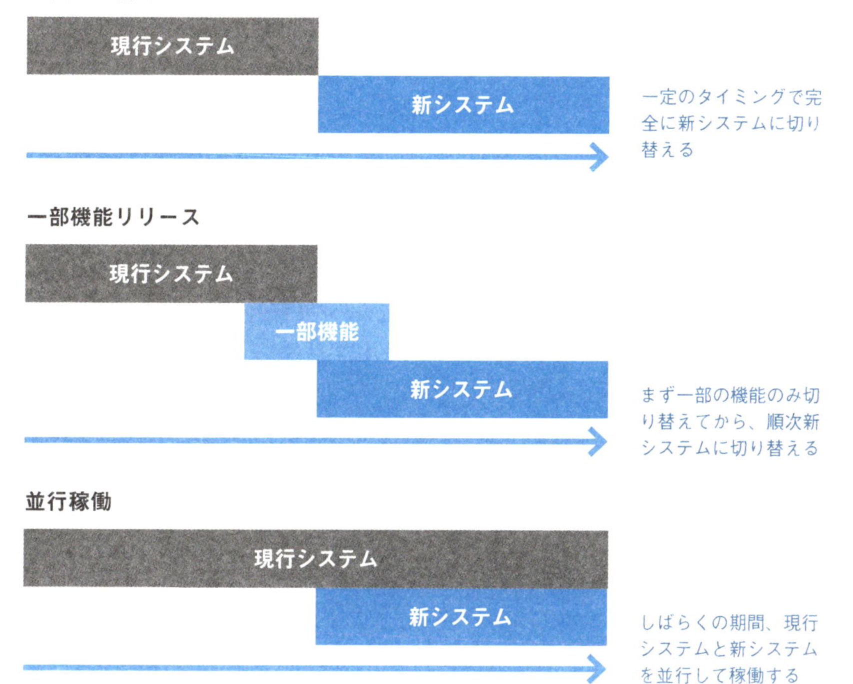

Lesson 38 [評価方法]

プロジェクトを評価する

このレッスンのポイント

1つの案件が終わったら、プロジェクトメンバーで評価を行いましょう。振り返りによって、DX計画書の内容通りに進んでいるか判断でき、費用対効果を確認できます。次のフェーズに進むためにも必須作業です。

改善の定量／定性効果を確認する

第2章で作成したDX計画書において、費用対効果を見積りました。ここでは実際にどのような効果があったのか整理する方法を紹介します。この結果を決裁者に早く上げることで、次のプロジェクトへの投資と、DXに対する期待値を獲得できます。

たとえばデジタライゼーションの目的が、コスト削減となっていれば、効果は見積りやすいでしょう。ただし、コスト削減は効果が出て当然なので、無駄にコストをかけすぎなかったか? 想定通り工数を削減できたのか?などを改めて整理します。

また、費用対効果の数字も大事ですが、特に注目してほしいのは、現場から情報システム部門やシステムに対する見方が変わったかどうかという点です。筆者の職場では、「信頼値」と呼んでいますが、この目に見えない値をどれだけ得られたかが非常に重要です。確認方法は「頼ってもらえているか?」「気軽な相談がチャットで来るか?」などの頼られ具合や、問い合わせ時の雰囲気からも読み取れるでしょう。

現場の反応は、意外と穏便でないケースも多いのです。この点を注意しつつプロジェクトを実行するとよいでしょう。

QCDを指標に評価を実施する

業務システムの評価は、3つの指標を用いると効果的です。特に業務システム導入でよくいわれる評価項目に「残業時間が減った」「人員が減った」というような指標がありますが、これらの指標はあまりおすすめできません。残業時間や人員は業務システムの改善効果以外の、人事施策や現場マネジメント、繁閑による変数が多いためです。これらを避けたほうが成果を明確に計測できるでしょう。

計測するときには、生産管理でよく用いられているQCDを用いましょう。QCDとは「Quality」(品質)、「Cost」(コスト)、「Delivery」(納期)のことです(図表38-1)。「品質」は実際の納品物を過去と現状で比較し、バグ数などをカウントして算出します。品質の成果は「バグ件数○○%減少」というように表現します。「コスト」は1つの業務にかかっている人手を過去と現状で比較し、減少した時間を時給に掛け合わせて算出します。コストの表現は「○○業務システムのコストを△△%削減」のように表現します。「納期」は1つの業務の完了にかかっている時間を過去と現状で比較し、引き算を用いて時間で算出します。納期の成果は「納品時間が○○%減少」というように表現します。このように3つの定量評価によって、デジタイゼーションとデジタライゼーションが成功したかどうか評価していきます。別のプロジェクトでも同様のプロセスを行うため、評価を次のプロジェクトに活かしていくと、デジタル化への気質が高い会社へと変化していけるでしょう。

▶ QCDで考える 図表38-1

Quality 品質

Cost コスト

Delivery 納期

QCDは生産管理で用いられる評価指標。第4章のレッスン44で詳しく解説

ワンポイント DX実現に向けたQCD以外の評価指標

QCD以外に、DXに正しく向かっていることを測る指標を用意することもできます。

たとえば、「社内のデータがアナログからデジタル化できた進捗率」や、「データが1つの環境にまとまって、すぐに取り出せる状態が完成したかどうか」といった指標を用意してもよいでしょう。定量的に測ることが難しい項目も出てくると思いますが、DXプロジェクトチームのなかで確認できるようにしておくと、この先のDXを検討する際の参考になります。一足飛びにDXは実現できないので、1つずつ成果が出ていることを示しながらプロジェクトを進めていくことが重要です。

COLUMN

UXをビジネスで活用することでDXの実現に近づく

この章でもUXとDXの関係性について触れましたが、使いやすいデザイン、ユーザー体験をつくることがUXの本質ではありません。確かに使いづらいシステムでは、データをつくり、集めることは難しいでしょう。しかし、システムのUXばかりに気をつけていてもDXは実現できないのです。

なぜなら、データを活用するビジネス視点でUXについて考慮していないケースが多いからです。その場合、企画段階でUXが定義されないままシステムの構築が進み、ユーザーが獲得できずにビジネスが終わってしまうこともあるでしょう。そうならないためにも、データを活用する時点でどんな提供価値があるのか、またユーザーの課題はデータの提供によって解決するのかどうか、UX視点で整理をする必要があるのです。

そこで、DXにおいて、ビジネス企画段階でUXを活用する考え方を紹介します。図表38-2で示すように、ビジネスとデータの間にUXという考え方が存在するようにイメージしてみてください(なお、ここではUX=課題解決に向けたユーザー体験と定義します)。

データをビジネスの機能として活用すると、ユーザー価値が上がり、ビジネスは潤っていくでしょう。たとえるなら、Uber Eatsのように家にいながらできたての料理を味わえるような体験です。そして、この潤ったビジネスからはさらによいデータが獲得できて、データも成長していきます。このようにビジネスとデータをつなぎ、ユーザーに価値を提供していくためにUXが必要なのです。価値提供を続けていくことでDXが実現します。

これは新規事業の顧客開発モデルと同じです。顧客開発モデルとは、対価を支払ってくれるユーザーがいるかどうか、1つずつ仮説検証して、ビジネスを構築していく考え方です。ここでもUXを活用しているのです。

▶ データとビジネスをつなぐものがUX 図表38-2

データとビジネスを UX がつないでいる

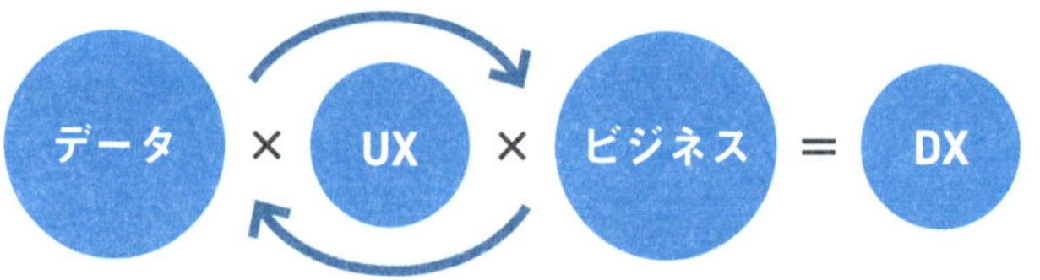

業務の効率化やシステムデザインに限らず、ビジネス全体の設計でも UX の考え方を活用してみてください。

Chapter 3 DX時代の開発手法

Chapter

4

新しいビジネスを生み出すデジタライゼーション

DXに向けた重要なステップであるデジタライゼーションを行うために必要なステップを解説していきます。

Lesson 39 [データドリブン、ビッグデータ]

データを活用してビジネスをデータドリブンに

このレッスンのポイント

デジタイゼーションでアナログデータをデジタルデータに変え、デジタライゼーションでデータ収集の流れをつくったら、データを分析しながら新たなビジネスモデルを模索していきましょう。

DXのポイントはデータドリブンの考え方

ここまでのレッスンで、デジタイゼーションでアナログデータをデジタルデータに変え、デジタライゼーションでデータ収集の流れをつくると解説してきました。このデータを中心にする「データドリブン」という考え方こそ、DXの根幹です。
データドリブンは「データで駆動する」という意味で、得られたデータをもとに次の意思決定、アクションを起こしていきます。
ビジネス＝意思決定といっても過言ではありません。しかし、意思決定は悩ましく、複数の選択肢からよりよいものを選ぶことはストレスがかかります。データドリブンでは意思決定の一部をITに任せることで、人間の意思決定を後押しし、人間が決断することのストレスを軽減しているのです。判断が遅い、判断の保留が多いといわれる企業は、このデータドリブンの考えが不足していることが原因であるともいえるでしょう。
DXはシステムの中心にデータを置くことで、よりよい意思決定をよりすばやく、可能な限り自動的に行う狙いがあります。それによってたとえば、売上拡大など会社の利益につなげ、さらにはビジネスモデルの進化につなげられるのです。

DX がデータにこだわるのはよりよい意思決定をよりすばやく、可能な限り自動的に行うためなのです。

なぜDXはデータが重要なのか

DXがデータにこだわる理由は 図表39-1 に挙げた3つです。第一に挙げられるのは、データを分析すれば「よりよい意思決定」ができることです。ビジネスは決断の連続ですが、選択肢により結果が無数に生まれます。ビジネスパーソンであれば意思決定の難しさは理解できるでしょう。たとえ正解でなくても、データ分析を通じてベターな決断をし続けられれば結果もよいものになります。また、データを使えば「すばやい意思決定」ができます。新しい市場に進出する、トレンドに合わせて商品を投入する、という場合にはスピーディーな意思決定が重要です。仮に正解でなかったとしても判断が早ければ、改善を繰り返しながらよりよい成果を得られることになるでしょう。

最後に、「意思決定の自動化」が挙げられます。条件に応じて機械的に判断すれば足りる場合は、人間が判断する必要はありません。

▶ データにこだわる3つの理由 図表39-1

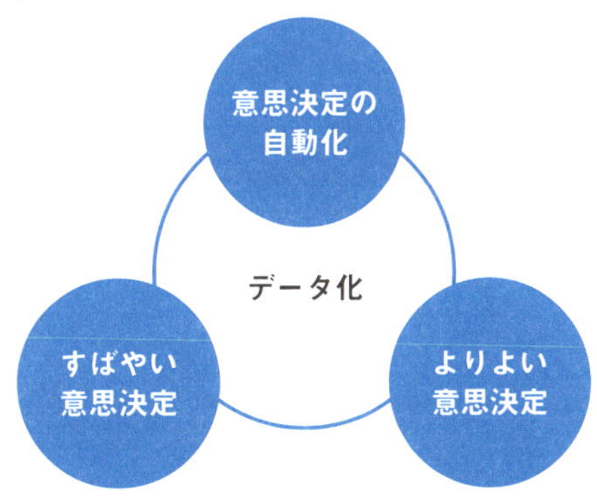

データを活用することで、意思決定がよりよいものになる

ワンポイント 意思決定に欠かせないデータドリブン

データドリブンとは経験や勘など、人の主観で意思決定するのではなく、データを分析した結果に基づき意思決定することをいいます。近年では、「さまざまな種類と膨大な量のビッグデータをアルゴリズムで処理した意思決定」を指すことが増えました。経営全般で用いられますが、特にビッグデータが準備しやすく迅速な処理が必要なマーケティングや、意思決定に人の主観が強い人事、スポーツの領域でも用いられています。たとえばAmazonではユーザーの満足度を軸に500個以上の指標をつくり、データで判断し意思決定をしています。また、メジャーリーグではデータで選手を採用するスカウティングが行われています。これはセイバーメトリクスとよばれ、映画「マネーボール」で有名になりました。

NEXT PAGE →

デジタル化が支えるビッグデータ

データドリブンを支えるのが「ビッグデータ」です。ビッグデータとは、Excelなどで扱えないほど大量のデータを表す言葉です。

データドリブンによってアクションを起こしたら、その結果得られたデータも活用します。そこから次のアクションにつなげていくのです。そうしてデータが集まれば集まるほど、つまりビッグデータを保有することで、ビジネスの精度が高まり、可能性が広がります。

ここまでやってきたデジタイゼーションやデジタライゼーションは、ビッグデータをつくるためといえます。その観点でいえば、デジタイゼーションを行うのは、「集められないデータが生まれるのを防ぐため」となります。たとえば、営業活動を分析したいときに、紙に書かれた電話メモでは分析しようがありません。デジタイゼーションを行って、CRMなどに営業活動のデジタル記録を入れてもらう必要があります。そしてデジタライゼーションが必要なのは、ビジネスプロセス上を流れるデータを網羅し、分析に必要な量のデータを継続的に集めなければデータドリブンな意思決定を行えないためです。たとえば、電話しかCRMに記録されていなければ、電話の後に行うお客様への訪問活動に、その電話が影響を与えているかどうかはわかりません。デジタライゼーションを行って、CRMなどに営業プロセス全体を記録できるようにしていく必要があります。

デジタイゼーションでアナログデータをデジタルデータに変え、デジタライゼーションでデータ収集の流れをつくり、ビッグデータを収集し始めることでデータドリブンに意思決定ができ、会社を変革できる、というわけです。

DXを目指す企業にはデジタイゼーションとデジタライゼーションが必要だと本書で繰り返し説明しているのもビッグデータを集めるためといえます。

ワンポイント ビッグデータとは？

ビッグデータが意味するデータには、量的な側面と質的な側面があります。量的な側面は、Excelなど一般的なソフトウェアで扱える範囲を超えているかどうかが基準となります。逆に、一般的なソフトウェアで扱える量のデータでは、データドリブンなビジネスは行えないといえるでしょう。質的な側面は、そのデータから何を得るか、ビジネス上の目的が何か、ということです。購入履歴や位置情報、ソーシャルメディアに書き込まれたコメントなど、さまざまなデータがあり、目的ごとに必要なデータは異なります。

データを使ってビジネスモデルを転換する

データを使ったビジネスの成果は、BI、AI、ビジネスモデルチェンジの3ステップに分かれます。

第1ステップは、BIを使ったデータ分析による意思決定です。BIは「Business Intelligence」の略で、データ分析で意思決定の精度とスピード向上を目指します。デジタライゼーションを通じて収集したデータをリアルタイムに収集し、分析します。たとえば、ECサイトで「4月と8月にはサイトユーザーの25歳以下女性の比率が8割、ならば商品仕入れをその属性に寄せてはどうか」といったデータ分析をもとに、データマーケティングの意思決定に役立てます。これだけでも多くの企業はコストを改善し、既存事業を成長させられるでしょう。

第2ステップはAIによる意思決定の自動化です。AIは「Artificial Intelligence」の略で、データ分析の機械的な再現や高度な予測を目指します。BIで分析した判断が正しければ、AIを使ってその判断を自動化します。たとえば、ECサイトで「商品Aの仕入値が50円下がるときに価格を25円下げると利益が最大化される」といったデータ分析の結果が現実に繰り返し起きている場合は、価格に連動した値づけを自動化できます。AIで意思決定の自動化を実現すると、企業は人の能力を超えて事業を成長できるようになります。

第3ステップはBIやAIを使ってデジタライゼーションを究極まで高度化し、データを外部に開放するビジネスモデル転換です。ここまで来るといわゆるDXとなります。たとえば、スニーカーメーカーのナイキでは製造工程をデジタライゼーションし、売れるスニーカーのデザインパターンをデータ分析しています。これにより、「売れ筋のスニーカーのデザインパターンを選択→靴ひもや靴底などのパーツを選択→即時にユーザーがカスタマイズしたスニーカーをオーダー」できる、「マスカスタマイゼーション」というビジネスモデルを開発しています。マスカスタマイゼーションについては、レッスン47のワンポイントで解説しています。

▶ データを使ったビジネス転換までの流れ 図表39-2

BI
データ分析による意思決定
→
AI
意思決定の自動化
→
データの外部開放

データ分析による意思決定は、AIにつながり、データを高度に活用したビジネスモデルの転換につながる

データが増えると高精度なデータ分析でよりよい意思決定が行え、さらにサービスの価値を高められるのです。

Lesson 40 ［データ分析］

データ分析の基本的な考え方を理解する

このレッスンのポイント

集めたデータは、活用することではじめて価値を生み出します。データを活用するとは、データを分析するということです。このレッスンでは、データ分析を行うための基本的な知識を身につけましょう。

クローズドデータとオープンデータ

一言でビッグデータといっても、大きく2つに分けられます。1つは企業内に存在する「クローズドデータ」です。たとえば自社のWebサイトや事業を運営していて得られるデータや、製品出荷情報や顧客への営業結果といったERPやSaaSに蓄積されるデータがあります。さらに工場や店舗を持つ企業では設置されているセンサーやカメラなど、IoTデバイスによって取得されるデータもあるでしょう。デジタライゼーションで得られたデータともいえます。もう1つは世の中に公開されている「オープンデータ」です（図表40-1）。たとえば、総務省統計局の人口統計や都道府県の年齢構成などの統計データ、何十年分かの天気や気候などの環境データ、企業が調査して公開している時給の変遷などもあります。さらに各社が公開しているSaaSサービスのAPIなどもあります。

目的ごとにこれらのデータを収集してデータ分析を行います。

▶ オープンデータを集めたサイトの例 図表40-1

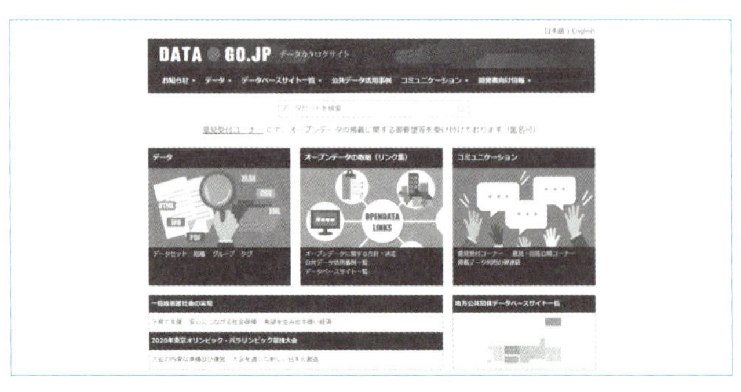

地方公共団体などが有するオープンデータを集めたデータカタログサイト「DATA.GO.JP」
https://www.data.go.jp/

データ活用の基本

データ分析は目的と目標を明確にして仮説を考えることから始まるとよくいわれます。たしかにその通りですが、原則に従いすぎるとなかなか最初の一歩を踏み出せないということも多いでしょう。そこで、「最低限これだけ押さえておけばよいデータ分析」の3つのポイントを紹介します（図表40-2）。

1つ目は「時系列に並べる」です。過去から現在までのデータを発生順に並べることで過去のデータの動きがわかります。たとえば、過去の一定期間のデータから成長率を導けば、将来どうなるか予測を立てられるでしょう。

2つ目は「データを比較する」です。データは単独ではその数字が持つ意味を評価できません。別のデータと比較してその数字の良し悪しがわかります。たとえば天候による売り上げの変化や顧客層ごとの割合を求めれば、これから攻めるべき主要ターゲットや商品開発に活用できます。

3つ目は「足りないデータを加えて分析を繰り返す」です。何度も分析することで欠けているデータがわかり、そのデータを収集、追加すればより高度な分析を行えます。

シンプルすぎるルールのように思うかもしれませんが、この3つのポイントを踏まえてデータ分析を始めると、データ分析の判断基準を持ちながら将来の予測を行い、順次高度な分析に進んでいくことができます。

この3つのポイントを実際に使っている例を紹介しましょう。ニューヨークでは犯罪の発生地域を予測するデータ分析が行われていますが、まず地域間の犯罪発生率を比較します。次に犯罪発生率が高い地域の事件発生データを時系列に並べて予測を行い、さらに天候データや通行量、富裕層の居住データなど、データを追加して精度を向上させています。この結果、犯罪検挙率が向上する成果が生まれているとのことです。

▶ データ分析の基本ポイント 図表40-2

並べる	比較する	繰り返す

どんなデータであってもこの3つが分析の基本となる

Lesson 41 [データ分析のステップ]

データ分析を体験しよう

このレッスンのポイント

レッスン40で解説した誰でも始められるデータ分析の基本を理解できたら、これを活用して意思決定に役立てる分析を行っていきましょう。このレッスンでは経営の意思決定に使えるデータの分析を体験してみます。

データサイエンス、AI、すべて一度忘れる

本格的なデータ分析は、データサイエンティストが行うものになります。また、データ分析は機械学習やディープラーニングなど、AIをつくるための基礎にもなります。ビッグデータを活用し、データを網羅的に分析しながら予測モデルを検討したりKPIを探索したりするのが王道といえますが、うまくいかないことが多いのが現状です。なぜなら経営陣や市場はデータ分析が終わるまで待ってくれないからです。

そこでまずは、AIや機械学習、データサイエンスといった言葉を忘れ、レッスン40で紹介した「データ活用の基本」をもとに、データ分析を体験してみましょう。ここで大切なのは「役に立つかどうか」です。必要なのは1年後の正解ではなく「ECサイトの問い合わせ対応に割く時間を減らしたい」「店舗の運営にかかる労力を避けたい」「アポ獲得効率を上げたい」といった明日の意思決定に役立つデータ分析です。

▶ 明日の意思決定に役立つデータ分析のステップ 図表41-1

① 並べる	② 比較する	③ 繰り返す
時系列など一定のルールに沿って並べる	オープンデータと自社データを比較する	足りないデータを追加し、分析を繰り返す

分析の基本ポイントに具体的に当てはめて分析の方針を立てる

データ分析を体験する

まず手持ちのデータを見える化してみます。図表41-1のステップで行うとよいでしょう。まずは、事業のルール（KPI）に従ってデータを並べます。左から右に事業の流れに沿って項目を並べていき（図表41-2）、そこによく意思決定に使われている数値を書き込んでいきます。たとえばECサイトであればユーザーの訪問数、商品ごとの閲覧数、閲覧された商品の購買率というようなイメージです。

次に行うのは、オープンデータとの比較です。自社と同様のビジネスモデルで上場している企業の決算説明会資料や書籍などを材料に、比較する数値をつくっていきます。もし参考にするオープンデータがない場合は、事業の売り上げ目標などから逆算して理想の数値などと比較します。

そこまでできたら、わからない数値の予測値をつくっていきます。たとえば商品ページの閲覧率がわかっているサイトの訪問数が入手できた場合、商品ページ閲覧数は訪問数×閲覧率で導き出せます。売り上げと単価がわかっていれば、購入数も推測できます。

このように、データ分析は「わかることから、わからないことを予測する」ことの繰り返しです。データ分析によって、競合他社や目標と比較して自社のどのKPIがすぐれているのか、劣っているのかがわかるのです。

▶ルールに基づき並べた例 図表41-2

①オープンデータの数値の予測サービスSimilarWeb（シミラーウェブ）や決算書などからの数値を使う

②訪問数から閲覧数は訪問数 × 閲覧率で 10,000 回

④購入数閲覧数で購入率は 10

③売上単価で購入回数は 1,000 回

	訪問数	閲覧率	閲覧数	購入率	購入数	単価	売り上げ
競合		10%				1,000円	100万円
競合の予測値	100,000	10%	10,000回	10%	1,000回	1,000円	100万円
自社	1,000,000	10%	100,000回	6%	6,000回	500円	300万円
自社の目標	1,000,000	10%	100,000回	6%	6,000回	500円	500万円

⑥競合の予測値から見ると優れている

⑥競合の予測値から見ると目標が低すぎる可能性

⑤目標、競合の予測から考えても単価が課題

これは簡単な例にすぎません。コンピューターを使うことでより大量のデータをより複雑な指標に基づき計算可能になります。

NEXT PAGE →

データ分析からわかること

データを並べて比較することから、KPIの優劣が見えてきました。このデータ元となった日々の売上商品データなど、データソースをもとに仮説検証を行いましょう。データ分析の仮説とは、「気温が上がれば、アイスの販売数が増えるのでは？」といった「ある数値がある数値を動かすことの予想」で、無数につくれます。しかし、その「仮説が正しいか」を検証できるかは別の話です。さらに、検証できて事業の役にも立つスジのよい仮説には、「数値をビジネス上の成果と結びつける業務経験と業務知識」が必要です。初期の分析チームにはその経験や勘所が少なく、複雑な分析手法を用いてしまい迷走しがちです。

そんな状況におすすめの分析手法が2つあります。1つ目は、意思決定者やマーケットの持つ経験則を仮説に使うものです。たとえば、「気温が高いときにはアイスが売れる」といったような人間が経験的に知っているものを検証します。度数分布や正規分布といった分析手法を使い、人間の「勘を表す数値」を中心にデータを配置して検証します。この方法であればすぐに仮説がつくれ、データを検証した時点で仮説検証ができているので有利です。

2つ目の仮説検証は、自分の事業の結果数値予測です。たとえば売り上げや販売数といった事業活動の結果を予測します。KPIに従って揃えたデータをもとに式をつくり、現在の数値をあてはめることで予測できます。回帰や重回帰分析といった分析手法を使い、過去のデータを散布図に配置して、傾向から予測します。検証は過去のデータをもとに行ってもよいし、未来の数値が出てから検証してもよいので仮説検証が回しやすいのも有利です。

いずれにしても、シンプルな分析を使って検証ができた時点で成功です。1つ目の経験則検証モデルは、経験則が当たっているか当たっていないかの結果だけでも有用です。2つ目の事業数値検証モデルは、現状のKPI数値がよいか悪いかの、日々の予測に使えます。

この2パターンの検証を用いることで、周囲に「データサイエンスって便利だね」という認識をつくることができます。データサイエンスの王道と比較すると正しくはありませんが、簡単な仮説とシンプルな分析手法を使った検証から始め、スモールスタートします。なぜ成果を急ぐかといえば、時間をかけようとかけまいと、分析の過程でデータ量が足りず予測ができないケースや、欠落しているデータがあって精度が担保できないケースが出てきます。それを防ぐためには時間もデータ収集をするコストもかかりますが、投資を得るには「データ分析は役に立つ」必要があるのです。

データ分析の基本手法を理解する

前項では、「度数分布」や「正規分布」、「回帰」といった分析手法がいくつか出てきました。データ分析を行うには、これらの統計知識がどのようなものか、ざっと理解しておくと役立つでしょう。

図表41-3では、ビジネスにおけるデータ分析でよく使われる手法を一覧してあります。それぞれビジネス上の利用例も記載しているので、目的ごとにどんな手法が利用可能か把握するのに役立ててください。

これらの手法は、Excelなどでも機能として用意されています。まずは手元のデータを用いたり、オープンデータを入手したりして、実際に小さく試してみると理解が進むでしょう。入門者向けの書籍も多く出版されているので、データ分析に本格的にチャレンジしたい場合はそれらの文献に目を通してみることをおすすめします。

分析の基本手法 図表41-3

代表的仮説例	分析手法	分析できること
度数分布	どの値を中心にしてどのようなばらつき方をしているのかを調べる	営業が戦力化（売上目標達成）されるには何年かかる？
標準偏差	データのばらつき度合いを異なるデータ間で比較できる	安定的に売り上げている支店はどこか？
正規分布	発生確率の高い数値を中心として、データの範囲を決める	最も売り上げが上がりやすい気温は何度か？
標本調査	データの一部を入手した場合に、全体のデータを推測する	よく買い物するユーザーと似たユーザーは東京都でどれくらいいるか？
相関係数	一方が変化すれば、他方も変化する2つの値の関連性をあらわす	顧客満足を与えているのはどのサービスか？
回帰分析	原因と結果の数値の関連性を縦軸と横軸で表し、散布図に直線を当てはめて関係を見る	アポイント数が増えれば営業売り上げは伸びるのでは？
重回帰分析	予測したい値を複数の値を元に予測する	電車の乗降客数と気温で店の売り上げが変動するのでは？
テキストマイニング	テキストのなかからよく出てくる言葉や頻度を分析する	見積もりという言葉がでてくれば受注確率があがるのでは？

小さく分析を始めつつ、経営の意思決定にデータを用いていきましょう。

Lesson 42 [データ分析スキル]

データを活用する会社に変わる

このレッスンのポイント

データ分析を意思決定に役立てることができるようになってきたら、データを活用できる組織をつくっていきましょう。このレッスンではデータの分析から活用に進むのに必要な人材や組織の在り方について学びます。

初期は外部パートナーを活用しつつ、人材を集める

データ分析を本格的に行うには、前述の通りデータサイエンティストなど、専門的な知識を持った人材が必要です。最近ではデータ分析を専門に扱うコンサルタントもいるので、そういった外部パートナーも活用しつつ、徐々にデータを活用できる組織に変わっていく必要があります。

データを分析し活用できる組織になるには、3つの能力が必要です。データ分析の企画スキル、データサイエンススキル、データエンジニアリングスキルです。

▶ データを活用する組織に必要な要素 図表42-1

①データ分析の企画	・分析対象の事業に対する知見 ・事業課題の抽出スキル ・分析方針をまとめるスキル
②データサイエンス	・データ集計、可視化 ・機械学習、統計スキル ・Python などプログラミング
③データエンジニアリング	・データクレンジング ・アルゴリズム実装スキル ・分析環境の構築

データを活用するためにはこれらの知見・スキルを持つ人材が必要

データ分析に必要な3つのスキルを揃える

図表42-1 に挙げた1つ目、データ分析の企画スキルは、細かく分けるとさらに次のスキルで成り立っています。分析対象の事業に対する知識、事業課題の抽出スキル、分析の方針をまとめる企画スキル、プロジェクトを納品するプロジェクトマネジメントスキル、経営者などの非分析者と分析者に説明ができるプレゼンテーションスキルです。第2章などで見てきたDXプロジェクトの計画スキルと同等の内容といえるでしょう。

2つ目のデータサイエンスのスキルは、具体的な分析方法を設計するスキルです。データを集計、可視化でき、機械学習や統計、予測モデルのチューニングを行うためにPython、R、SQLなどのプログラミングのスキルが必要です。加えて分析結果を説明できるスキルが求められます。

3つ目はデータエンジニアリングのスキルです。データエンジニアリングは、データクレンジング（データの重複や誤表記などをなくすこと）、データ加工、機械学習などアルゴリズムの実装スキル、DWHやETLといったデータベース、分析インフラの設計や構築、ビッグデータの計算処理といった知見が必要です。

いきなりすべてを揃える必要はなく、まずはデータ分析の企画スキルから整え、データサイエンスの能力、データエンジニアリングの能力は 図表42-2 にあるような外部パートナーやツールを活用しながら順次組織に加えていくとよいでしょう。

▶ 外部パートナーの例 図表42-2

タイプ	データ分析コンサル	データサイエンティスト	データエンジニア	データ分析ツール
サービス内容	データ分析プロジェクトの企画、プロジェクトマネジメントを行う	分析を設計、データ集計・可視化、機械学習や統計モデルの作成、統計や予測モデルのチューニング、Python、R、SQLなどでデータプログラミングを行う	データクレンジング・データをし、機械学習などを実装する。DWHやETLといったDB・分析インフラを設計・構築し、ビッグデータ計算処理基盤を作る	データ集計・可視化、機械学習や統計モデルの作成、統計や予測モデルのチューニングを省力化するツールを提供する
提供企業	コンサルファーム	データ分析企業、SI企業	データ分析企業、SI企業	ツールベンダー
費用	100万円～200万円／月まで、プロジェクトマネージャーのスキルと実施期間で変動	80万円／月～300万円／月まで、エンジニアのスキルと実施期間で変動	80万円／月～300万円／月まで、エンジニアのスキルと実施期間で変動	30万円／月～300万円／月まで利用する量に応じて変動

安全領域から事業を分析させ、データドリブンな文化を広める

ハーバードビジネスレビューによれば、データサイエンティストは「21世紀で最もセクシーな職業」とされ、現在では引く手あまたの存在となりました。データサイエンティストにとって魅力ある会社に変わるための組織づくりのポイントを挙げましょう。これも3つあります。

まず、データサイエンス部門は、営業やマーケティング、開発、財務といった現場部署の下に配置すべきではありません。トップダウンで経営者直下とするか、事業部門とまったく関係のない研究開発部門において、横断的にデータサイエンスを行わせるのがおすすめです。

そして事業に貢献する分析と、好奇心を満足させる分析を両立させましょう。どちらかに寄りすぎてもよくありません。事業の重要なKPIの分析をしてもらい企業人としての評価も得つつ、研究開発的な好奇心を満足させる未踏領域の分析も合わせて実施するのがよいでしょう。データサイエンティストのモチベーションを維持するためでもあり、また、未踏領域に思わぬビジネスチャンスが眠っている可能性もあるためです。

3つ目のポイントは、現場との報告会などの場をつくっておくことです。データドリブンの文化を浸透するには時間がかかります。分析で発見したことを現場の感覚とすり合わせ、データのありかを学び、事業からの依頼を受けながらデータサイエンスを企業文化に融合していくのがおすすめです。

これからDXに取り組もうと考えている多くの企業は、データドリブンな文化が醸成されていないことでしょう。特に「直近の目標達成に最適化された現場」にとってデータの優先順位は低いものです。そんな状況のなかでは分析をしようとすればするほど、現場とのすり合わせや、データの抽出などが難しくなり、その企業にデータサイエンティストを惹きつけることは難しいでしょう。

データを活用する組織に変わりたいならば、文字通りサイエンスを行い、試行錯誤できる環境と権限をデータサイエンスチームに与えなければうまく機能しないのです。データサイエンスを導入してその恩恵にあずかりたい企業は、データドリブンで自社の価値観を多少壊すぐらいの感覚で進めていく必要があります。

▶ データサイエンス組織のポイント 図表42-3

部門横断的な位置づけ

好奇心を満足させる環境

現場とのつながり

これら3つを満たしながら、データ活用の文化を浸透させていく

分析を続けながら、DXを継続してデータ収集を進める

データ分析に終わりはありません。繰り返し、時系列やアイテム別など、事業データをレッスン41の 図表41-3 にあるような手法で比較していきます。実は多くの企業はここまでのデータ分析で十分な場合が多く、機械学習などを導入する必要はありません。

データを使った意思決定を繰り返し、データを使える組織をつくりつつ、分析を続けていくと分析に足りないデータに気づきます。たとえば「コールセンターの通話記録を分析して電話の本数予測はできるようになったが、社員がそれぞれどの時間帯に対応しているかのデータがなく、最適なシフトを生成することができない」というように、さらに必要なデータが明らかになります。

意思決定に足りないデータが出てきたら、データを追加します（図表42-4）。天気や人口などのマクロデータを追加する場合はオープンデータを使い、事業のなかの数値を追加する場合は、デジタライゼーションの工程で新しいデータを取得できないかを検討します。自社での収集が難しい場合は、データを持っている企業と協業できないか検討する必要もあるでしょう。

最初からすべてのデータを集めようとすると作業が膨大になり、不要なデータが多く生じます。ポイントはデータ分析をしながら社内のデータのありかを見つけ、意思決定に必要なデータを集めていくことです。この観点を忘れずにデジタライゼーションを行いましょう。

▶ 追加データ収集の例 図表42-4

タイプ	オープンデータ	社内データ	協業データ	データ作成
データタイプ	気候、人口、居住地、地価などのマクロデータ	社内でまだとれていないデータ	自社では持っていないが外部でデータを持っている企業がいるデータ	どこにもないデータで人的に作成できるデータ
データ例	人口、性別、年齢、など国勢調査や経済指標などの政府統計	アポイント取得後の商談内容のデータなど	地図情報や、顧客、ユーザーの自社とは異なるサービス利用データ	テーマに応じたチャットの会話や物事の定義などの人的なデータ
つくり方	各省庁や政府CIOポータルや各社のAPIなどから取得する	社内サービスに入力項目を追加して取得する	地図、ポータルサイト事業会社などと交渉して取得する	データ作成会社やクラウドソーシングで作成する

Lesson 43 ［人工知能］

AIで分析や意思決定を自動化する

このレッスンのポイント

データ分析が日常化し、よりよい意思決定、すばやい意思決定が行えるデータドリブンな環境とビッグデータが収集できるようになってきたら、いつも行うデータ分析や意思決定の自動化に進んでいきましょう。

AI導入の意味は意思決定の自動化にある

ここまで見てきたデータ分析の延長にあるのがAIです。AIは総じて「人工知能」と訳されますが、大きく分けて2種類あります（図表43-1）。1つ目は人間のように、状況に応じて対応を変えられる汎用性の高いAIです。「強いAI」「汎用型AI」などと呼ばれます。もう1つは、ドラえもんの道具のように特定の用途向けのAIであり、「弱いAI」「特化型AI」などと呼ばれるものです。

▶ 強いAIと弱いAI 図表43-1

強いAI＝汎用型AI	弱いAI＝特化型AI
人間の脳のように自意識を持つ	分類や推測など特定の問題解決を行う

機械学習、ディープラーニングなどにより実現

現時点で「AI」といった場合、「弱いAI」を指すことが多い

AIを導入する意義

「強いAI」は、人間の脳全体を模したもので、私たちと同じように自律的に物事を判断します。SFの世界に出てくるようなAIであり、現時点ではこの世に存在しません。DXで目指すべきは「弱いAI」の組み合わせで、「分析」や「判断」などに特化して自動化していくことです。
AIによる分析や判断の自動化は、すでに実用化されています。たとえば、囲碁AIのAlphaGoが人間に勝利したことは広く知られています。また車載カメラの映像をリアルタイムに分析し、自動的に判断してブレーキをかける機能もAIによるものです。
このAIを支えているのが「学習」です。たとえばAlphaGoは、3,000万以上の対局の棋譜を学習し、さらにAI同士で3,000万対戦し、そのプロセスを学習しました。人間が1日10試合しても年間3,650試合、数千年かかってしまう物量を40日間で学習したのです。人間との対戦ではその学習結果=分析に基づいて、人間よりも早く、よりよい判断をし続けました。つまり囲碁のように正解がある意思決定の場合、AIで自動化するほうが圧倒的に早く、大量に正解を出し続けられるのです。これがAIを導入する意義です。
AIを使い、分析を行いながら自動的に24時間365日休まず、膨大な意思決定を自動化できればそれ自体が強みとなり、ビジネスモデルの転換を遂げてしまうこともあるでしょう。

AIにできること

AIにできることは3つあります（図表43-2）。1つは「分類」です。たとえば画像に写っているものが犬か猫か、といった識別を行い、分類します。もう1つは「予測」です。過去の販売数から将来の販売数を予測するといったことが可能になります。そして分類や予測に基づき、「判断」を行います。たとえば商品のリコメンドといった活用が考えられます。
AIによる分類や予測は、人間では思いもよらないような結論を導くことがあります。それは、人間が分析したのでは見逃してしまうような子細なデータ、そして人間では対応できない大量のデータをくまなくチェックできるためです。

▶ AIにできること 図表43-2

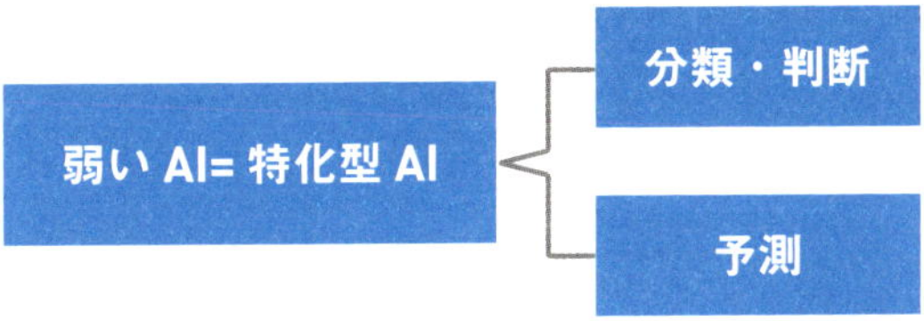

弱いAI= 特化型AI
分類・判断
予測

弱いAIにできることは、分類と判断、予測のみ

NEXT PAGE →

分類と予測のみでAIを活用する

データ分析による意思決定が、ビジネス上の成果に結びついたなら、その再現性をテストしていきましょう。まずはお金と時間のかかるプロダクトをつくらずに再現できないかということを考えていきます。

たとえば、天候や気温によって商品の売れ行きが左右されることがわかっている場合、いきなり仕入れの自動化プログラムを開発したくなります。しかしもし、分類と予測が正しく行われていなければ、間違った判断をすることになります。多くの場合、判断を行うのは現場です。現場のシステムの入れ替えやオペレーションの変更が伴い大きな時間とコストがかかってしまうのです。

そこでおすすめなのは「分類」と「予測」に絞ってAIをテストすることです。データ分析の結果と意思決定のパターンを自動的にメールで配信したり、レポートを生成するようなプロトタイププログラムをつくります。アクションを行う「判断」は人間が複雑なことを行っていることが多く、現状のままにしておき、メールやレポートを使って人間が判断した結果を教えてもらうようにします。

判断まで加えたAIをプログラムする

足りないデータや予測をチューニングし、プロトタイプが行動をアシストして結果がよいものになってきたら、次のステップとして機械学習と自動化を組み合わせて「判断」まで自動的に行えるようにします。たとえば、天候や気温によって変わる仕入れの最適パターンを正しく提示できるようになったら、現在の仕入れシステムに自動的に数値が入力され、人間は確認ボタンを押すだけにする、というような変更です。

このように、データサイエンスからAIにつなげていく流れは、小さく始めてなし崩し的に進めるのがおすすめです。多くの会社ではAIのプログラムをつくるスキルや予算はないでしょう。ここに挙げたような簡易プログラムを作成し、現場に使ってもらいながら段階的に導入したほうが確実な成功が狙えます。

実際、2018年の日経の調査では「AI導入企業100社のうち6割がデータ不足で課題を抱えている」との結果もあります。データがあるかないか、現場での実用に耐えるかの検証がされず、AIを現場運用の判断レベルまでつくりこみ予算も時間も尽きてしまったものと思われます。

いつのまにかAI的なツールが使われていた、というところを目指しましょう。

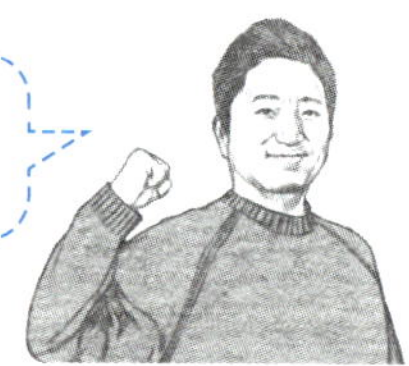

AIそのものはビジネスモデルにはならない

大きな期待感を持って語られているAIですが、DXのなかでAIそのものがビジネスモデルになることは少ないといえます。AIそのもので稼ぐ、ほかのAIサービスの基盤となるビジネスはいわゆるGAFAに集約されつつあります。投資金額や集めているデータの量から考えても、AIそのものでお金を稼ぐビジネスでの競争は勝負になりません。

DXでのAI活用は、自社の特徴や強みに絞ってビジネスの意思決定をよりよく、高速化し、ビジネスモデルを転換するレベルまで掛け算することがポイントになります。

たとえば、メルカリは個人間（C2C）の中古品販売をスマートフォンで行えるビジネスモデルを確立した、DXの成功事例の1つといえるでしょう。C2Cアプリ自体はメルカリ以前にもあり、メルカリのビジネスモデルに新しいところはありません。しかしフリマアプリの競合が多数あるなか、プロセスがデジタライゼーションされ圧倒的に簡単に早く出品と購入ができることが特徴です。

「かんたんに出品・購入できる」という特徴に掛け算されているのがAIです。メルカリで商品を出品する際に画像を送信すると、画像認識によって自動的に商品が登録されます。メルカリは累計11億品を超える商品画像やテキストデータを保有しており、そのデータを分析しAIを開発「商品が登録しやすい」特徴を強みにしているのです。メルカリのDXたるゆえんは、数十億規模にのぼるデータをユーザーが使いやすいサービス、デジタライゼーションされたプロセスで回収し、高精度な機械学習モデルを作成できる点にあります。

メルカリはユーザーの目線から見た強みをデジタライゼーションで実現し、AI、データサイエンスで掛け算していることが理解できる事例です。

ワンポイント 機械学習とは？

機械学習とは、簡単にいうとコンピューターがデータの特徴をとらえる（学習する）ことです。AIを支える技術の1つで、たとえばチューリップの画像をコンピューターに読み込み、「これはチューリップだ」というラベルを人間がつけます。ほかのチューリップの画像も同じように読み込ませてラベルづけを行うことで、コンピューターはチューリップの特徴を学んでいきます。このラベルづけを大量のデータに行うと、コンピューターはさまざまな画像を認識できるようになります。これが機械学習です。

Lesson 44 [QCD]

QCDからDXを考える①「品質を高める」

このレッスンのポイント

デジタライゼーションで企業価値を高めるには、QCD（Quality、Cost、Delivery）を軸にすると取り組みやすくなります。このレッスンからは、具体的なデジタル化の例を踏まえて強みの活かし方を解説します。

DXをパターン化する

DXは「売り上げや利益を伸ばす仕組みをデジタルによってつくること」と説明してきました。言い方を変えれば、デジタライゼーションを通じて企業価値を高めることであり、デジタルによってまったく新しいビジネスモデルを生み出すことにつながります。

では、振り返ってあなたが売り上げや利益を上げられる理由は何でしょうか。これは、QCDという指標を当てはめるとわかりやすいでしょう。QCDは、Quality（品質）、Cost（コスト）、Delivery（納期）のことで、サービス業から製造業まで、ほとんどの業種で使える指標です（図表44-1）。

▶ DX戦術パターン 図表44-1

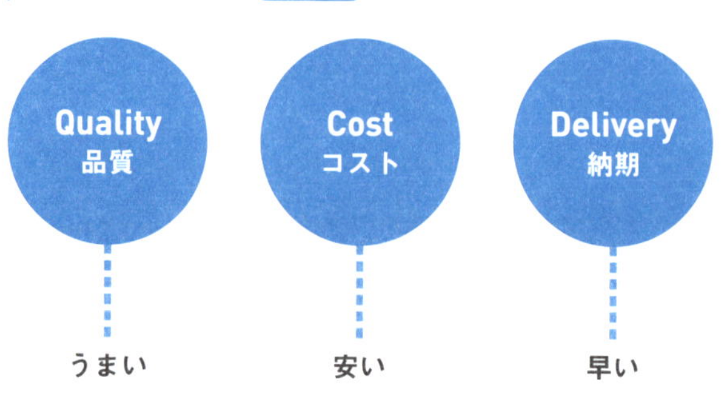

QCDそれぞれを軸に強みを見出していくと企業価値を高めやすい

牛丼チェーン「吉野家」が掲げる「早い」「安い」「うまい」はそのままQCDに当てはまりますね。

「品質」に着目する

QCDのQ（品質）、いわば「うまいDX」は、新しい価値を生み出しやすいパターンといえます。この場合、注目するのはあなたが提供しているサービスの「機能的価値」「情緒的価値」です（図表44-2）。そしてこれらの価値は、顧客が購入に至る大きな理由の1つです。

機能的価値とは、「役に立つ」などその商品やサービスが提供するメリットのことで、自動車なら加速性能や安全性、食品なら調理時間や栄養素など、数値化しやすいものを指します。情緒的価値とは「おしゃれ」など感覚が提供するメリットのことで、自動車ならブランド、食品ならおいしさなどの数値化しにくいものをいいます。この2つの価値に注目しながら業務フローを見渡してみましょう。価値を見える化するには、レッスン12で作成したビジネスモデル図の上に、顧客が購入する理由を細分化して記入していきます。

たとえば、家具製造サービスの「機能的価値」は価格が安い、長持ちする、サイズの大小などがあります。「情緒的価値」はブランドが有名、デザインがよい、使い勝手がよいなどに分かれます。このように、価値を洗い出していきます。2つの価値のどちらに意義を見出すかはその顧客それぞれですが、法人向けサービスは機能的価値が購入理由となる割合が強く、一般消費者向けサービスは情緒的価値が購入理由となる割合が強いといわれています。ポイントは、購入理由を見直していくことです。

▶ 品質を考える 図表44-2

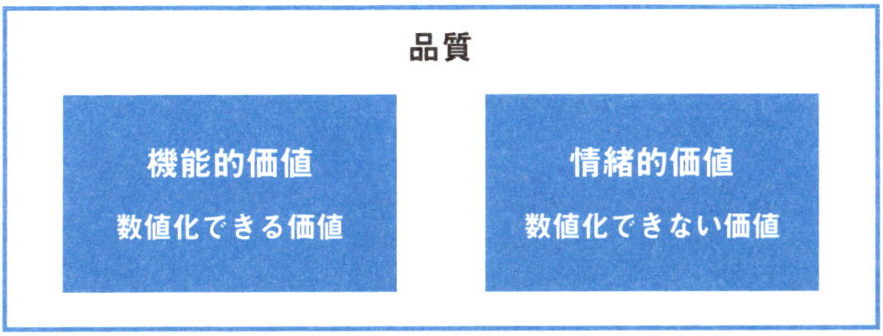

品質

機能的価値	情緒的価値
数値化できる価値	数値化できない価値

品質は機能的価値と情緒的価値の両側面で考えていく。法人向け、一般消費者向けなど、ターゲットによって価値の重みが異なる

Lesson 45 [QCD]

QCDからDXを考える②「コストを下げる」

このレッスンのポイント

QCDのC（コスト削減）を見ていきましょう。人件費と製造原価、広告宣伝費という3つのコストをデジタル化によっていかに圧縮できるか、事業全体に占める割合が高い事例を挙げながら解説します。

減らすべき3つのコスト

コスト削減は、デジタル化による大きな恩恵の1つです。これまで見てきたとおり、DXは社内にある課題を解決することですが、この「課題」は「コスト」と言い換えられます。よってDXを果たせば自然と収益性が改善します。また、削減したコストを商品価格に反映することで、売り上げアップにもつながります。そのため、儲かりやすい企業体質に変わりたい場合は、安さ（コスト）に着目してDXプロジェクトを進めるのがよいでしょう。着目ポイントは 図表45-1 に示した「人件費」「製造原価」「広告宣伝」です。

▶ 3つのコスト 図表45-1

人件費	製造原価	広告宣伝費

人を雇うために必要なコスト	モノをつくるために必要なコスト	買ってもらうために必要なコスト

コストを削減する場合、これら3つの効率化を考えるのがよい

Chapter 4 新しいビジネスを生み出すデジタライゼーション

デジタル化でコストを減らす

人件費を減らすには、人の仕事をなくすことです。デジタル化による省力化、自動化によってこれは実現可能です。レッスン33で紹介したRPAを使えば、人が行っているルーティンワークは大きく削減できるでしょう。そしてAIの認識機能を利用すれば、手書き文字や音声データをテキストデータ化したり、工場での検品作業を自動化したりできるでしょう。

製造原価を削減するには、仕入れ価格を安く交渉するといったことが考えられますが、デジタル化においては製造ラインの効率化を考えましょう（図表45-2）。製造業であれば、理想的な状態は稼働率100%を維持し続けることです。そのためには各製造ラインの稼働スケジュールを把握し、空きが生じないようにする必要があります。とはいえ、不況のさなか自社だけで100%を維持するのは困難でしょう。その場合は、製造ラインを他社に時間貸しするといった策も検討します。これは実際に格安プリントサービスで行われているビジネスモデルで、印刷工場の稼働していない機械でプリントを行うことで、コストを抑えたサービスを提供しています。複数の工場と提携し、それぞれの稼働状況をIoT機器で把握、納入先までの配送効率なども分析したうえで最適な工場へ発注、といった仕組みを構築することで実現できるサービスです。

広告宣伝費については、費用対効果を考えてオウンドメディアやSNSの活用を検討しましょう。オウンドメディアは、Webサイト上に構築する自前のメディアのことです。顧客のみならず、さまざまな人たちにとって有益な情報を発信することで、自社の見込み客、いわばファンをつくる施策です。SNSは、口コミによる拡散を狙った施策となります。

▶ 製造原価を下げるためにデジタルを活用する 図表45-2

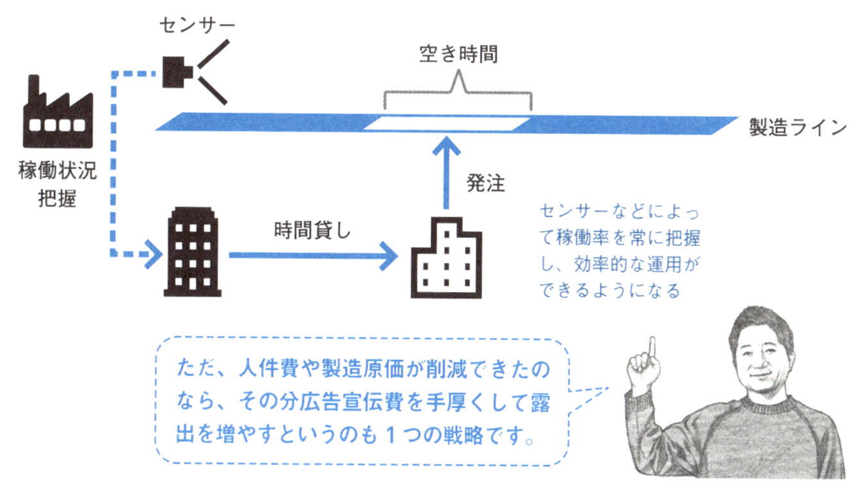

Lesson 46 [QCD]

QCDからDXを考える③「納期を早める」

このレッスンのポイント

このレッスンでは、QCDのD（納期）を強みにするために知っておくべき基本的な考えとなる「リードタイム」について解説します。ビジネスプロセスにおいて最も時間を使っているのはどこか探しましょう。

成功確率が高い「速いDX」の始め方

どんな商品であれ提供スピードが速ければ顧客に喜ばれ、販売スピードが速ければ資金繰りの観点でも有利です（図表46-1）。しかも速ければ速いほど、同じ時間で価値を提供できる機会が増えます。スピード感は、昨今の経営環境においても重要視されるポイントの1つです。新型コロナウイルスや自然災害によっても、事業を取り巻く環境、顧客のニーズは目まぐるしく変化します。これに対応するため、レッスン41などで解説したデータ分析による意思決定も今後ますます重要視されるでしょう。

さて、QCDのD、すなわち納期という観点でDXを考えたときにポイントとなるのは、リードタイムです。このあと詳しく見ていきましょう。

▶ 速いことのメリット 図表46-1

速いことは、自社にとっても顧客にとっても大きなメリットをもたらす

リードタイムとは?

リードタイムとは、各工程にかかる時間のことです（図表46-2）。ビジネスプロセスのさまざまな部分で使われており、「営業リードタイム」といえば顧客に製品のことを知ってもらい購入に至るまでの、文字通り営業活動にかかる時間となります。また、「提供リードタイム」といえば、購入が決定してから代金を回収するまでにかかる時間となります。これらのリードタイムに注目しながらビジネスモデル図を見渡してみましょう。それぞれの業務にかかる時間を書き込んでいくところから始めます。

たとえば法人向け製品の営業リードタイムは、顧客を探す時間、顧客を見つけてアポイントを獲得する時間、売り込みを行い購入してもらう時間、という流れになります。また、製造リードタイムは、製品を設計する時間、製造する時間、納品にかかる時間、アフターケアをする時間のような流れになります。

事業内容によってリードタイムの長さは異なり、10日程度で終わるものから数年がかりというものもあります。多くの場合は、工程の初期ほど多くの時間を使っています。

▶ リードタイムを理解する 図表46-2

営業リードタイム

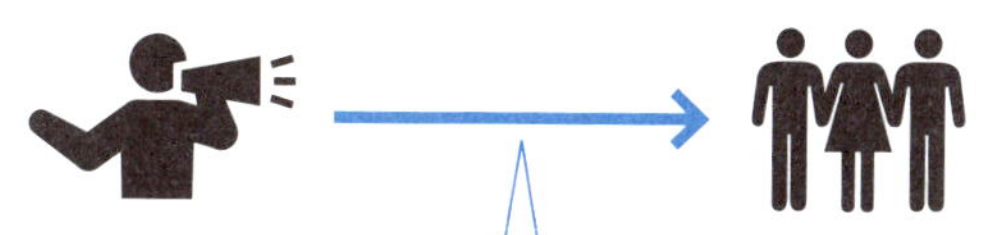

商品やサービスを知ってもらい、
購入を決めてもらうまでの時間

提供リードタイム

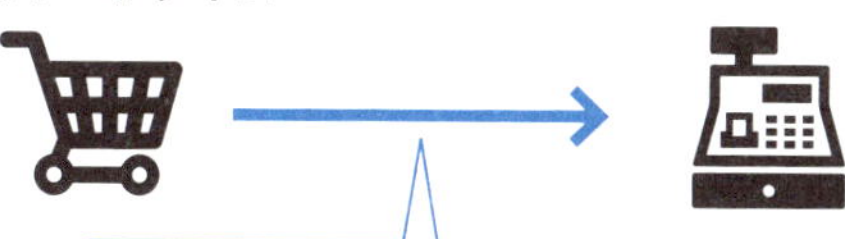

購入が決定してから、
代金を回収するまでの時間

ビジネスプロセスごとのリードタイムを把握し、短縮できる部分がないか検討する

「最も時間を使っている箇所を探す」ことが大きな成果を出すポイントです。

Lesson 47

[置き換える、省く]

QCDを高める2つの着眼点

このレッスンのポイント

ここまでのレッスンで、QCDという指標でどのようにビジネスプロセスをデジタル化するのがよいかヒントを提示しました。このレッスンでは、プロセスを「置き換える」「省く」という視点でデジタル化を考えてみます。

「置き換える」と「省く」

QCDを高めていくときに注目すべきは「置き換える」「省く」の2点です。

わかりやすい例として、オーダーメイドのアパレルショップを挙げましょう。これまでは顧客本人が店頭へ行ってオーダーし、試着、採寸、制作、調整、納品というプロセスを経ていました。すべてのプロセスで担当者による手作業が発生し、時間も費用も多くかかります。しかしテクノロジーを駆使すればどうでしょうか。顧客がスマートフォンで自分を撮影すれば自動的に3Dで採寸され、生地やデザインも自由に選べるようになっていて、バーチャルな試着もできる。これなら自宅にいながら手間なくオーダーできます。ショップの担当者は、検品など最小限度の作業を行うのみで大きくコストを削減できます。顧客はスマートフォンさえあれば気兼ねなく何通りも試着できて、コストパフォーマンスも高い。情緒的価値と機能的価値を両立したDXが実現します。

この例では、オーダーのプロセスをデジタルに置き換え、来店の手間や人による採寸、試着などを省いています。製造工程においても、オーダーは最初からデジタルデータとしてインプットされ、納期と工場の稼働状況などをマッチングしながら最適なプロセスを経るように設計されています。

私たちの生活のなかにも「置き換える」「省く」で便利になっているものがたくさんあります。

すでに置き換えられているテクノロジーを活用する

置き換えや省略は、すでにある仕組みを取り入れるだけでも実現します。たとえばこれまでにも述べてきたSaaSもその1つ。また、決済プロセスもすでにあるキャッシュレスの仕組みに置き換え可能です。キャッシュレスとは、現金を使わない決済のことです。ECであればすでに多くのサービスが導入しているクレジット決済もキャッシュレスの一種ですが、実店舗でも現金を使うプロセスをキャッシュレスに置き換えるだけで、利便性アップやコストダウンにつながります（図表47-1）。

▶ 決済プロセスをキャッシュレス化 図表47-1

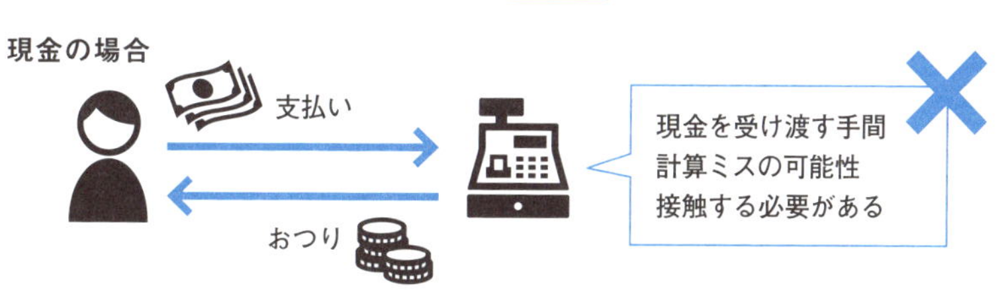

決済プロセスをキャッシュレス化するだけで、利便性が増す

ワンポイント　マスカスタマイゼーションというDX

このレッスンで挙げたアパレルショップの例は、レッスン39のナイキの例と同じマスカスタマイゼーションと呼ばれるものです。これまで多くの製造業では、同じ商品を大量に生産するマスプロダクションによって効率アップ、コストダウンを図ってきました。しかし、価値観が多様化する社会において、このようなビジネスでは顧客ニーズに応えられなくなってきています。そこで、これらのニーズをくみ取るために構築された、少量多品種を生産するビジネスモデルがマスカスタマイゼーションです。マス＝大量、カスタム＝個別注文という意味ですね。
追加投資せず、従来の製造ラインを用いてカスタマイズされた製品づくりを行うためには、これまで以上に生産管理、品質管理を行う必要があります。これを実現するのがDXなのです。

Lesson 48 ［デジタライゼーションの発展］

デジタライゼーションの次のステップへ

このレッスンのポイント

社会を変革するレベルのDXには共通点があります。それは、自社のデジタライゼーションによって得たビジネスモデルを開放することです。DXの代名詞といえるAmazonやUber、Airbnbのビジネスから紐解いていきます。

変革を起こすために

本書では、デジタイゼーション、デジタライゼーションと段階的にデジタル化を進めて、その次のステップとしてDXを位置づけています。しかし、実はデジタライゼーションとDXに明確な区分はありません。ビジネスプロセスがデジタル化できた段階で、この第4章で見てきたQCDといった軸で新たな価値を生み出せているはずです。DXを、デジタル化による新しい価値の創出と定義づけるならば、デジタライゼーションによってDXを成し遂げたことになります。「2025年の崖」を乗り越えていけるでしょう。それにとどまらず、人々の生活を一新するような変革を起こしたいと考えるならば、さらなる「学び」が必要です（図表48-1）。どういうことか見ていきましょう。

▶ DXへのステップ 図表48-1

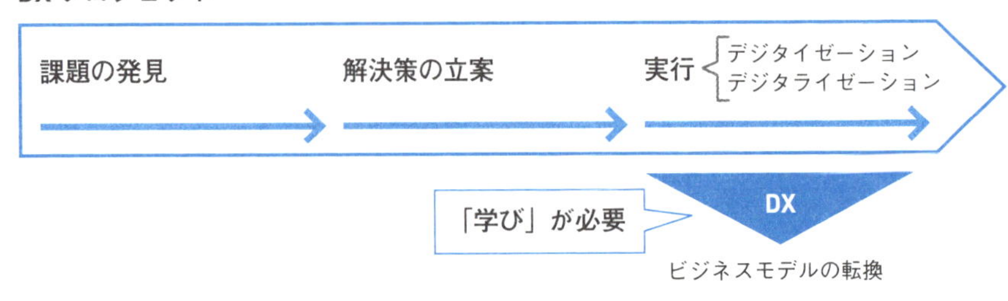

DXによって本当の変革を起こすためには、これまでのプロセスを経ただけでは難しく、学びが必要

プラットフォームビジネス

たとえばスマートフォンの代名詞となったiPhone。レッスン1で述べたように、直感的に操作できる手のひらサイズのコンピューターを誰もが持ち、常時インターネットにつながる。その製品自体が革新的でしたが、人々の行動様式まで一新しました。たとえば世界中の人々に動画コンテンツを共有する楽しさを広げたYouTube。それまで動画といえばテレビや映画など、プロ集団によってつくられたものが当たり前だったところに、誰でも動画を投稿でき、誰でも視聴できるサービスを始めました。それがいまでは世界で月間20億人が利用する巨大な動画配信プラットフォームとなったのです。人が集まるところにお金も集まります。これらの巨大なビジネスは、インターネットというインフラと、そのインフラを流れるデジタルデータなしには生まれなかったものです。

このような社会に変革を起こすレベルのDXは、なかなか狙って成し遂げられるようなものではないでしょう。テクノロジーを理解し活用し、社会の先を読み、実行するといった資質に加え、タイミングも重要です。

しかし、そんな社会的な変革を引き起こすDX事例を見ていくと、そこに法則があることに気づきます。それは「デジタライゼーションの外部開放」によるプラットフォームビジネスです。社内で実施したデジタライゼーションの仕組みを、外部取引先やユーザーに開放し、大きなプラットフォームビジネスにするのです。

▶ 外部開放版の社会を変えるDX概念 図表48-2

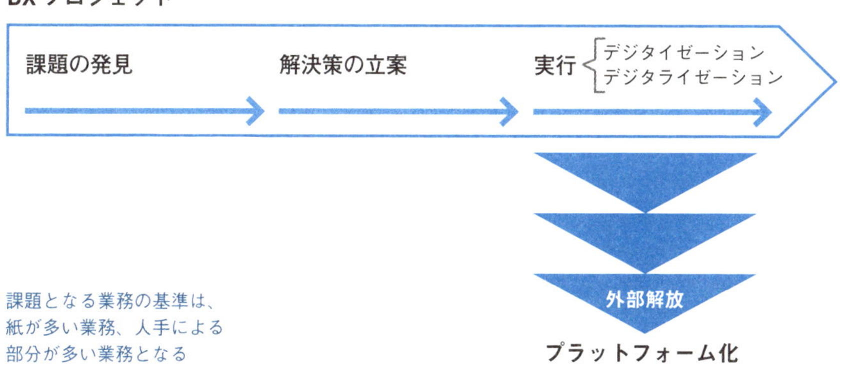

デジタライゼーションを開放し、社会的インパクトを与えている例を見ていきましょう。

NEXT PAGE →

事例にみる外部開放DX

Amazonはいわば通販企業ですが、数億あるといわれる商品数が社会的インパクトといえるでしょう。これを支える仕組みの1つがフルフィルメント by Amazon（FBA）です。これは簡単にいうと、デジタルによって高度に効率化されたAmazonの物流サービスを外部開放したものです。この仕組みによって商品の配送やカスタマーサービスをAmazonが代行し、外部企業はAmazonで商品を売ることができます。

Uberはタクシーに乗りたいときに自分の近くに呼べる配車サービスです。世界中のどの都市でも1つのアプリで配車できるのが特徴です。そんなUberの実態は、移動したいユーザーと移動手段を持つユーザー同士のマッチングサービスです。自動車を持っていれば誰もがタクシーとして登録でき、近くにいる利用者を目的地まで乗せていく。運転手は利用者から評価されるため、評価の低い運転手は選ばれなくなります。また、Uberは配車プラットフォームとしても成立しています。つまり、外部のタクシー業者でもUberに登録できるのです。これによりタクシー業者は稼働する機会が増え、それだけ移動ニーズにも応えられるわけです。

民泊サービスとして有名なAirbnbもUberと同じマッチングサービスであり、宿泊プラットフォームです。空き部屋を埋めたいニーズと、世界各地を旅したいニーズをマッチングし、これも外部業者が登録できるようになっています。

どの例も共通しているのは、自社が構築した仕組みを広く開放することで、1社では提供しきれない社会レベルのインパクトを与える事業にしているということです（図表48-3）。

▶ 事業をプラットフォーム化する 図表48-3

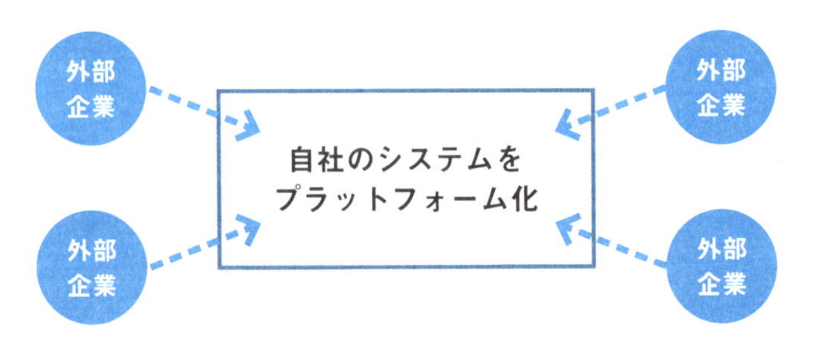

自社が構築したシステムをプラットフォーム化し、外部企業にも使ってもらう

すでにデジタライゼーションを始めている場合も「外部開放できないかな」と考えていきましょう。

フランチャイズを考える

どんな商品やサービスであれ1社で提供している限り、社会にインパクトを与えるレベルに成長させるには時間がかかります。外部開放とは事業インフラを同業者やユーザーに開放することです。いわば「デジタル版のフランチャイズビジネス」です。

一般的にフランチャイズビジネスは、加盟店にブランドや商品を提供する権利、営業上のノウハウなどを提供することで対価（ロイヤリティ）を受け取るビジネスモデルです。身近な例ではコンビニエンスストアやファミリーレストラン、クリーニング店があります。個人商店に看板を貸して営業させるビジネスです。

たとえば、先ほど事例に挙げたAmazon、Uber、Airbnbが共通して開放しているインフラは「集客、集金、品質」の3点です（図表48-4）。ユーザー企業はそれらの看板において営業でき、また自前でインフラを構築する必要がないことがメリットとなります。提供側の企業にとっては、ロイヤリティを継続的に得られるというのがメリットです。

これらのビジネスはデジタル化されているため、特別な設備を必要とせずそのノウハウ（インフラ）を提供可能です。そのため大きなインパクトを与えることができるのです。

▶ 外部開放の概念：集客、集金、品質 図表48-4

集客

ユーザー企業にプラットフォーム上でWebページ（テナント）を開放。ユーザー企業はAmazonやAirbnbという集客力を借りて販売できる

集金

ユーザー企業に決済機能を開放。顧客は、使いなれたプラットフォーム上で決済できる

品質

ユーザー企業に口コミ評価機能を開放。口コミが品質の担保になる

プラットフォーム化＝フランチャイズ化と考え、集客、集金、品質をサービスとしてユーザー企業に提供する

フランチャイズビジネスになぞらえて考えればアイデアを理解しやすく、進めやすいでしょう。

COLUMN

データサイエンティストの採用をどう始めるべきか

レッスン42でも紹介したとおり、「データサイエンティストは21世紀で最もセクシーな職業」で人気の存在です。しかし同時に、深刻な人材不足を抱えています。データサイエンティスト協会が2020年4月に発表した調査結果では、必要な人数のデータサイエンティストが採用できない企業は、全体の6割近くに上るといいます。

それもそのはず、多くの企業のデータサイエンティストの求人票は「なんでもできるスーパーマン採用」になっています。そんな人は転職マーケットにいません。GAFAにいるのです。まず、自社で必要な「データサイエンス」の内容を考えてみましょう。データ分析が始まっておらず人材もいない会社なら、まずはExcelでデータ分析できる人の採用から始めてみてもよいでしょう。データ分析はやっていて、自動化を進めたいのであれば、データエンジニアが必要かもしれません。まずは自社のデータサイエンスに必要なスキルを、身の丈に合わせて定義づけすることをおすすめします。

身の丈に合った定義ができたら、データサイエンティストの採用が始められます。最初は紹介会社や広告会社などで募集します。ハイスキルなデータ分析者は新規プロジェクトには来てくれないので、育成を前提に未経験者や新卒を採用することになるでしょう。未経験者はスキルの見極めが難しいので、Webテストや Aidemy、Trunkなどのオンライン教育コンテンツでスキルの見極めをし採用するのがポイントとなります。同時に、既存社員を研修に参加させ、スキルを習得させるのもよい方法です。ディープラーニング協会が行うG検定やE資格などを受検してもらい、適性のある社員には外部研修を受けさせデータサイエンティストに育成します。

最近では滋賀大学や立教大学がデータサイエンスやAIの学部を開講し、データサイエンティストの人材供給は徐々に増えつつあります。一方でAI、データサイエンスは内部で開発したほうが効率がよいため、今後しばらくはデータサイエンティストを国内外の有力企業が奪い合う構造は変わらないでしょう。

DXプロジェクトでデータドリブンな企業に変わりつつ、身の丈に合ったデータサイエンスを定義して、育成しながら人材を確保していきましょう。

本書でも紹介したように、データドリブンな企業、データを活用しデータを重視する企業にならなければデータサイエンティストを採用しても定着しないものです。

Chapter

5

事例に学ぶ、成功するDXのポイント

この章では日本におけるDXの事例を紹介します。デジタルによって業務を改善した、新しい価値を生み出した、という観点で幅広く取り上げました。

Lesson 49 [事例の読み方]

事例を自社の状況に合わせて読んでみよう

このレッスンのポイント

次のレッスンから、デジタル化で一定の成果を得た事例を紹介していきます。事例を読む前の心構えとして大切なのは、あくまで「導入の参考にする」という考えです。そのまま適用できるわけではないことを心得ておきましょう。

先行事例をそのまま適用しない

他社の先行事例は、デジタル化を行う際の重要な検討材料となるでしょう。本書に限らず、「DXの事例」として取り上げられているものはほとんどが「成功事例」です。自社に導入して同じ成功はもたらされると考えるのは致し方ないことですが、それでも一度立ち止まって、「本当のところはどうなのか」という部分をしっかりとリサーチするようにしましょう。成功事例は成功の保険にはなってくれませんが、「導入の参考にする」くらいにとらえるのであれば、有用です。

▶ 氷山の一角図 図表49-1

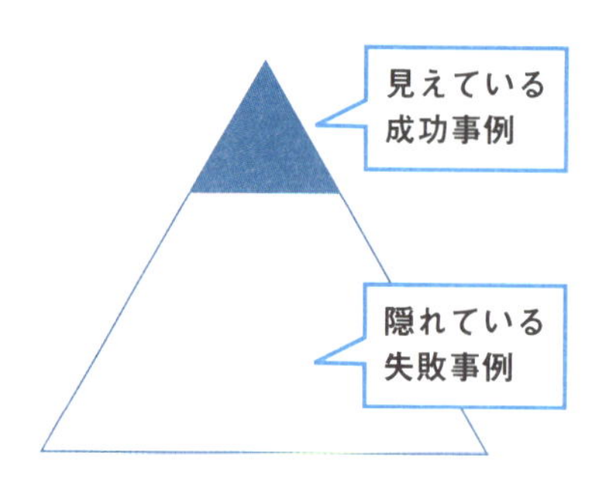

巷のDX事例は、成功事例しか取り上げられていない。実際には多くの失敗事例があることを理解する

成功事例の裏側には、数多くの失敗事例が潜んでいるのです。

成功事例を活かす事例活用表をつくる

導入のためにベンダーなどに話を聞くと、必ず成功事例を挙げて説明するでしょう。その成功事例が自社に活用できるかどうかは、3つの質問を投げかけることでチェックできます。それは「自社に活かせる点はどこか」「逆に活かせない点はどこか」「失敗した事例はどんなものがあるか」です。質問する相手はベンダーの営業担当やコンサルタント、DXプロジェクトを担当してくれている社員でも構いません。

事例として紹介される企業の環境と自社を比較して、「どこが参考になってどこが参考にならないのか」。ここが一例を活かすポイントになります。たとえば「この事例は業種も似ていて、フェーズは自社と同じデジタイゼーションで参考になる」「この企業は社員が若く、ITリテラシーも高そうなので、そこは要チェック」というように、参考にできるポイントや検討すべき事項を抜き出しておくと役に立つでしょう。

▶ 事例活用表のイメージ 図表49-2

判断	チェックポイント
○	似ている業種か？
×	ビジネスモデルが似ているか？
○	デジタル化のフェーズは同じか？
○	ITリテラシーは必要か？
×	業務がデジタル化されているか？

チェックポイントの例。導入を検討するため、ベンダーやコンサルタントと相談すると、必ず成功事例を挙げて説明されるので、そういう場合にこのチェックポイントを参考に、その成功事例が適用できるかどうか判断するとよい

ワンポイント　ビジネスモデルの理解がDX実現の近道

他社の事例で大きな特徴を挙げるとすると、各社デジタル化によって、ビジネスが変化しているということです。
業務の一部分が効率化されることも大事ですが、課題解決のためにデジタル技術がうまく噛み合うことのほうが大切です。
そのためには、自社がどのような課題解決の価値を提供するビジネスモデルなのか、理解することが必要になるでしょう。「ビジネスモデル」というと新規事業のようなイメージを持つかも知れません。改めて、いま動いているビジネスを自分の手で具現化してみるとより一層の理解が深まるのでおすすめです。
デジタルによってビジネスを変化させる、そのためにはデータが必要になるということを頭において事例を見てみると、自社のDX化に向けたヒントが見つかるはずです。

Lesson 50 ［デジタイゼーション］

事例に学ぶデジタル化①「デジタルデータを生み出す」

このレッスンのポイント

このレッスンでは、アナログデータをデジタル化し、またデータを効率的に管理するための仕組みを構築した企業の例を取り上げていきます。すべてSaaSとして提供されているので、自社で導入すればDXの一歩につながるでしょう。

アナログデータをデジタル化するSaaS企業

これから取り上げる事例は、デジタイゼーションをサービス化し、外部解放したものです。どの事例も、SaaSとして多くの企業に活用されているものですが、いずれも各企業を含む、さまざまな業種が抱える課題をデジタルによって解決したものばかりです。各社のサービスが生まれた背景に焦点をあてながら、「自社でどのような業務がデジタイゼーションの対象になるか」「どのようなビジネスにつなげられるのか」といったヒントを見つけましょう。

▶ デジタイゼーションの事例掲載企業 図表50-1

- **弁護士ドットコム株式会社**
  契約書をデジタル化した「クラウドサイン」
- **株式会社 RevComm**
  電話の通話内容をデジタル化した「ミーテル」
- **株式会社ベーシック**
  問い合わせフォームのデジタル化「formrun」
- **株式会社プレカル**
  処方箋のデジタル化「プレカル」
- **株式会社 Cogent Labs**
  AI-OCR で紙の文書をデジタル化「Tegaki」

事例① 煩雑な契約手続きをクラウド化

取引に欠かせない文書の代表的なものが契約書です。そして、法的な効力を持たせる必要や、これまでの商習慣から、デジタル化がなかなか進まない書類の1つでもあります。しかしあらゆる業種を支える法律事務所だからこそ、デジタルによる契約を含めたさまざまなケースに対応できる必要性があったことは想像に難くありません。そこで、日本最大級の法律相談ポータルサイト「弁護士ドットコム」、「税理士ドットコム」、「BUISINESS LAWYERS」などを運用する弁護士ドットコム株式会社では、Web上で完結する契約サービス「クラウドサイン」を開発しました。通常、紙の契約書は当事者の数だけ同一内容のものを作成し、当事者全員がそれぞれ署名、押印し、保管します。当然それだけ確認手順も多くなるし、ハンコを押す手間も増えます。また、すべての当事者の手元に順番に送付してハンコを押さなければならないため、時間もかかります。この契約書について回る課題を解決したのが「クラウドサイン」です。弁護士の知見をもとに開発しており、もちろん法的効力を持った契約書になっています。

テレワークによって生活様式が一新するなか、スマートフォンさえあれば契約の締結が行えるクラウドサインは、ビジネススピードを加速する可能性を秘めています。今後は、さらに機能を発展させて利便性を高め、日本企業に電子契約の浸透を図るというビジョンを掲げています。

▶ これまでの契約とクラウドサインの手続き比較 図表50-2

通常の契約

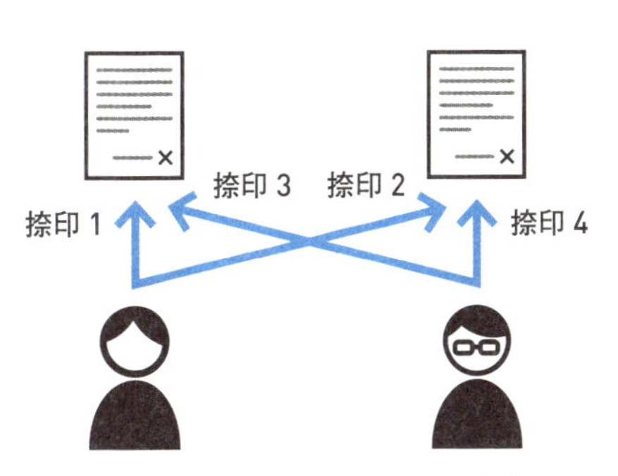

当事者数分の契約書を用意し、当事者全員がそれぞれ署名、捺印

電子署名

電子署名 1
電子署名 2

クラウド上の契約書に電子署名を行うだけ

事例② 電話応対の内容をデータ化し、営業支援

電話営業やコールセンター業務は、顧客との会話内容を上司や関係者に報告する必要があります。これは電話内容を活用して、業務の生産性向上、業績向上に役立てるための重要なポイントです。しかし、電話対応を行った担当者のバイアスがかかった状態で報告が上がってきて、結果対応を誤った、という経験をしたことがある人は多いのではないでしょうか。人間同士の会話であれば、そのニュアンスを正確にくみ取ることも重要です。電話対応が営業プロセスの鍵となる場合、ニュアンスをくみ取れなかったがために失注になるといったケースもあるでしょう。

株式会社RevCommは、多くの電話営業の現場でそのような課題があることから、AIを用いた電話システム「音声解析AI電話MiiTel」を開発しました。いわば「電話記録のデータ化」です。具体的にデータ化したのは、会話のラリーの回数や話す量、聞く量、会話のジャンル、声の高低、遅速など多岐にわたります。こういったデータをAIで分析して営業部隊にフィードバックを行い、商談獲得率や成約率を向上するのが狙いです。デジタルによって、顧客と担当者が「何をどのように話しているかわからない」というブラックボックスを解消し、教育コストの削減にもつながります。

テレワークによってオンライン商談が増える状況にあり、電話の内容が文字に起こされ、記録として残ることの重要性が増しています。文字として残るということは、会話を要約して関係者に共有することもできるし、電話メモを残す時間も削減できます。結果として生産性向上につながるのです。

▶ これまでの電話対応とMiiTelによる対応 図表50-3

従来の電話応対の情報共有

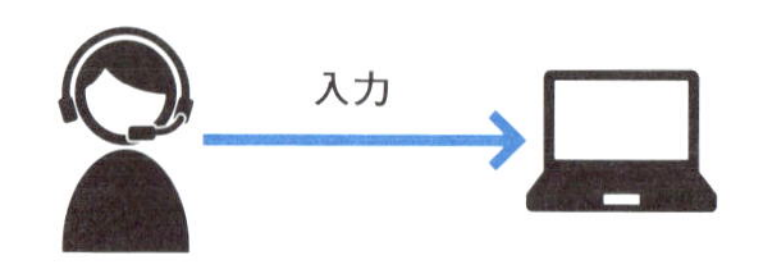

電話の内容を手で入力して共有していたため、処理に時間がかかるほか、会話のニュアンスまではくみ取れなかった

AI による電話応対の情報共有

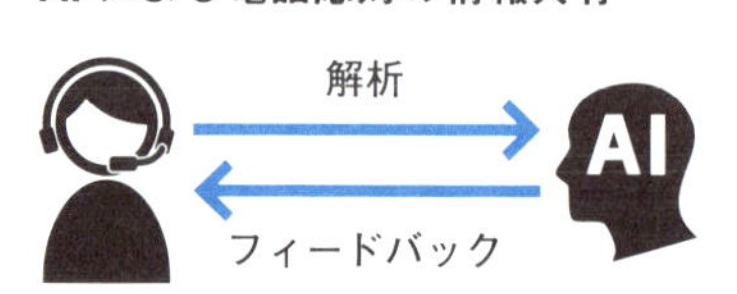

AIによって自動的に応対内容をデータ化するだけでなく、音声の表情まで分析し、以降の商談に活かせる

電話の内容がデータ化されれば、担当者自ら振り返って課題を認識し、改善につなげることもできるでしょう。

事例③ ノンコーディングでフォーム開発

コロナ禍の影響で出社する回数も減り、テレワークの機会が増加。その影響で電話による営業機会も減り、製品やサービスに対する問い合わせフォームの需要が高まりつつあります。そんななかで、開発者でなければ問い合わせフォームの制作は難しいという課題が見えてきました。
また、簡単に作成したフォームを利用し始めたとしても、フォームから入力された情報は電子メールで通知される場合が多く、結果的にデータ管理が煩雑化する点も、フォームを設置、運用する際の課題として浮かび上がってきたのです。
これらの課題を解決するには、コーディングが不要なフォームと、フォームから入力されたデータを効率的に管理できるシステムを構築する必要があります。これらの課題を一度に解決すべく、株式会社ベーシックが開発したのが「formrun」（フォームラン）。コーディングスキルなしでフォームの構築が可能なのはもちろん、問い合わせを受けた顧客への対応ステータスを管理できるようになっており、迅速かつ抜け漏れのない顧客対応が可能になりました。
フォーム開発やデータ管理を省力化することも、DXにつながるステップの1つです。問い合わせ対応は一見地味な業務に見えますが、顧客満足度を高めるという観点からも力を入れるべき領域です。オンライン化がさらに進むなかで、どれだけデータを蓄えて、迅速に対応できるか、問い合わせフォームのデジタル化にも注目です。

▶ formrunによるデータ管理の効率化 図表50-4

開発者が作成・管理

フォーム

デザイナー

エンジニア

フォームの作成には一定の技術が必要で、デザイナーやエンジニアによる開発を必要とした

担当者が作成・データ共有可能

formrun

担当者

技術者でなくてもフォームを作成可能になり、また、フォームに入力されるデータの収集から顧客管理までを、スムーズに行えるようになった

事例④ 処方箋をデータ化し、薬局業務を効率化

高齢化が加速する日本で重要な役割を担っているのが薬局です。薬局では、薬を販売するだけでなく、処方箋に基づいた調剤を行ったり、服薬指導を行ったりと、薬を患者の手元に届けるあらゆる場面で欠かせない業務を行っています。薬局では、1日に処理する処方箋40枚につき1人の薬剤師を配置しなければなりません。

処方箋1枚の調剤にかかる時間は平均12分（薬事日報、2016年7月15日）。40枚処理するのに8時間かかる計算になります。ちなみに令和元年度に出された処方箋の枚数は日本全国でおよそ8億枚（日本薬剤師会「保険調剤の動向」）。処理時間にして1億6,000万時間。そして、処方箋の情報をパソコンに入力するのにかかる時間は1店舗あたり約4時間にも及びます。薬を窓口で受け取る際に、診療報酬明細書やその薬の情報や使い方、注意点などを示した説明書が渡されますが、これらの書類をつくるための入力作業に4時間も費やしているということです。

高齢化によって調剤のニーズは増え続け、比例して薬剤師の負担も増え続けます。この負担を減らすために、薬局業務のIT化は待ったなしの状況といえます。そこで、プレカルでは処方箋情報のデジタイゼーションを行いました。薬局のスキャナーで処方箋を読み取ってプレカルに送信すると、専門知識を持った担当者が入力し、薬局にデータを戻します。これによって薬局の負担を減らすのですが、プレカルでデータ化された処方箋情報は、そのまま自動的にレセプトコンピューター（レセコン）に送信されます。レセコンはメーカーごとにデータ形式を揃える必要がありますが、プレカルは各社レセコンと連携しているため、特別な作業なしにそのままレセコンにデータを送信できるのです。

▶ プレカルのデジタイゼーション 図表50-5

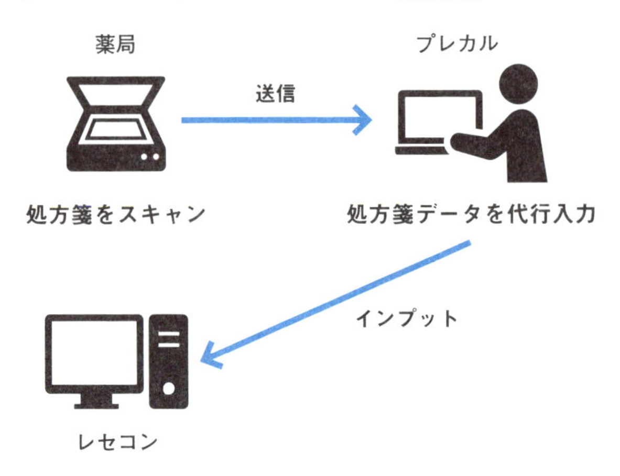

薬局における入力業務をスリム化と処方箋のデータ化を同時に行う

事例⑤ 紙の文書上の情報をデジタルデータ化

前述のプレカルの事例では、スキャンした文字情報をOCRによってデータ化し、それをもとに人間が入力することで精度の高いデジタイゼーションを行っています。OCRとは、Optical Character Recognition（光学文字認識）のことで、カメラで撮影した文字が何の文字であるかを認識し、データにするという技術です。この技術を自社プロセスに取り入れることで、アナログデータのデジタル化がはかどるでしょう。

手書き文字は人によってバランスや形にばらつきがあるため、正確に認識するには高度が技術が必要です。しかしAIの進化とともにOCRの精度も高まり、たとえばTegakiというOCRサービスでは、99%もの認識率を誇ります。ひらがな、カタカナ、アルファベット、記号などさまざまな文字種を読み取れるのはもちろんのこと、枠線内に書かれた文言や、複数行にわたる文書なども正確に読み取れるのが特徴です。

Tegakiの特徴としては、APIが用意されていることも挙げられます。OCRでデータ化するだけでなく、社内の業務システムと連携したり、CSVやExcelなどの形式で抽出することも可能です。

アナログデータのデジタル化を行う場合は、このようなサービスを利用することで、小さく始めるDXの第一歩となるのです。

▶ Tegakiのサービスイメージ図 図表50-6

印刷された文字や手書き文字をデジタルデータ化することで、デジタイゼーションを効率的に進めることが可能

ワンポイント OCR技術の進化

OCR技術は、ビジネス現場では一般的に用いられているものなので、そこまで新しい感じは受けないでしょう。しかし、近年はディープラーニングの登場と進化によって、読み取り精度が大きく向上しています。

ディープラーニングの登場前は、紙面の種類や業務内容によって読み取り精度にバラツキがあり、精度は高くても約70～80%くらいでした。そのため、人手による修正作業が必須となり、OCR技術は採用したいが踏み切れない企業が多かったのです。

ディープラーニングを利用したOCRを「AI-OCR」と呼びます。AI-OCRならば、人間の手書き文字もかなり忠実に再現してくれます。これによって活用の幅が一気に広がっています。

Lesson 51 [デジタライゼーション]

事例に学ぶデジタル化②「新しいサービスを生み出す」

このレッスンのポイント

このレッスンでは、データを積極的に活用して新しいサービスを生み出すことに成功した事例を取り上げます。前のレッスンがデジタル化のヒントだったのに対し、デジタル化してどうするか、という部分のヒントになるはずです。

デジタル化だけでなくデータを集めて活用していく

既存のビジネスを運営しているシステムに対して、デジタライゼーションを行った事例を紹介します。ここで紹介する企業はすべて、ビジネスの根幹を握るシステムで「データを活かすためのデジタル化」を行い、業績アップにつなげました。

デジタライゼーションは、老朽化したシステムの機能改修で終わってしまうケースが多いのが現状です。そのため、業務プロセスとビジネスの軸を深く分析して「どのようにデジタル化を行えば、データを効率よく活用できるか」を考えることが成功のポイントです。

▶ デジタライゼーションの事例掲載企業 図表51-1

- **Sansan株式会社**
  テレワーク下におけるオンライン名刺機能
- **株式会社イーオン**
  データに基づく上達効率のよい英語学習をコーチング
- **アディッシュ株式会社**
  モニタリング時の自動ハイライトによる業務効率化
- **amplified ai, inc.**
  特許文献の調査にかかる時間を大幅に短縮
- **株式会社GAUSS**
  競馬予測をデジタルで誰でも楽しめるように

事例① テレワークでの名刺交換を実現

いわゆる「ビジネス作法」の1つが名刺交換です。名刺はビジネスシーンにおいてはとても大切なツールであり、常にストックしておかないと落ち着かないという人も多いのではないでしょうか。人と会うときには必要不可欠で、自分の分身である。それほど大きな役割を持つのが名刺だと思います。

さて、ここまで何度も言及したように、2020年のコロナ禍は、ビジネス作法にも変革を迫るものでした。オンラインによる商談が当たり前となり、名刺の受け渡しをする機会は大きく減りました。これまでの「名刺交換」が担っていた、「コンタクト履歴が残る」「社内での人脈共有が円滑に行える」「アイスブレイクとなる会話が生まれる」「誰がキーマンか把握できる」といった効用が望めなくなったのです。

そこで、名刺交換というビジネスプロセスそのものをデジタル化し、オンライン商談であっても上述の効用を生み出したのがSansanです。Sansanは名刺をデータ化し、クラウド上で共有するサービスですが、オンラインでの名刺交換も実現しました。Sansan上で、紙の名刺とは別にデジタル名刺を発行でき、それをSansan上で交換できます。さらにクラウドで社内共有して営業資源として活かせるのです。まさに名刺交換のデジタライゼーションといえるでしょう。

▶ Sansan「オンライン名刺」機能のサービスイメージ図 図表51-2

オフラインの名刺交換

オンライン上での名刺交換

テレワークで名刺交換ができない状況をデジタルで解決

デジタルツールからコミュニケーションツールへ、大きな変化が訪れる可能性を秘めています。

事例② データに基づく上達効率のよい英語学習をコーチング

コモディティ化する英会話学習サービスのなかで、いち早くDXに取り組んできた株式会社イーオンの事例を紹介しましょう。
社会人の受講生が多く、レッスンの受講頻度やレッスン時間外での学習時間、もともとの知識レベルや課題点が受講生ごとに異なっていました。その結果、同じレッスンを受講している受講生間でも、会話力の上達速度にばらつきが出てしまうという課題がありました。そこで行ったのが、受講生データの収集です。出席率はもちろん、レッスン外での学習時間、自宅学習での問題の正答率など、受講者のさまざまなデータを可視化しました。それまでは受講生の自己申告から推測しなければならなかった学習における問題点も可視化され、学習アドバイスも効率的にできるようになったのです。
そして、そこで得たデータを活用した新サービスとして、受講生へのコーチングをスタートしました。通常のレッスンに加えて、データに基づいた個別のコーチングを行うことで、受講生の英会話力向上を加速させる新しい総合サポートプログラムです。これにより、客観的なデータとプロの教師の知見を合わせた、さらに一貫した学習サポートが可能となり、受講生の学習モチベーション向上や習得効果の実感ができるようになりました。
データを分析することで、受講生が苦手とする分野ごとに最適なコーチングができ、受講生がつまずかないような「ITとヒトのハイブリッド」となる新しい学習スタイルを実現したのです。

▶ イーオンのデータによる学習の効率化 図表51-3

従来のレッスン

多数の生徒相手にきめ細かな対応がしづらいケースも

AI 導入後

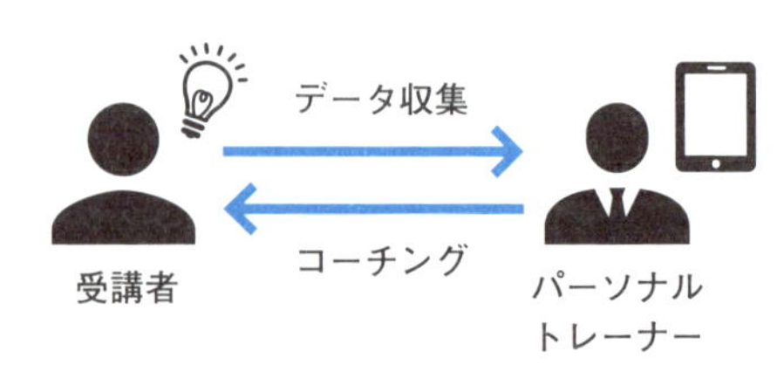

パーソナルトレーナーが個別のオリジナルトレーニングメニューを作成

イーオンでは2020年7月、データ＋コーチングで英会話力アップの効果を実感できる「AEON UP!」を開始しました。

事例③ 大量の手入力&目視作業をSaaSで効率化

アディッシュ株式会社の事業の1つに、SNSなどに投稿される情報のモニタリングがあります。誹謗中傷やネットのいじめ対策など、ときに社会問題化することもあるSNS上の投稿を監視することで、痛ましい事件の発生を未然に防ぐという取り組みを行っています。

SNS上に投稿される情報は非常に多く、しかも刻一刻と増え続けます。そのため人間の目でチェックすることは不可能です。独自システムで投稿を監視することで効率化は行っていますが、どうしても現場オペレーションが発生するため、結局多くの手作業が発生しているのが現状です。たとえば監視業務では、いろいろなサイトを閲覧しながら、ある特定文字だけをハイライト表示にして確認したい場合があります。これを実現する最も低コストな手順は、ブラウザ上で検索することですが、これはキーワードを手で入力して検索し、場合によっては画面をスクロールするなど結構な手間がかかります。

このような人手による作業コストを低減するために活用したのが、G Suite（Google Apps Script）とAmazon S3、Google Chromeの拡張機能です。社内ではGoogle Apps Scriptを使用し、スプレッドシートに「対象サイトのURL」「検索したいキーワード」、そして「何色でハイライトにするか」を入力します。次にGoogle Apps Scriptを使ってこの情報をAmazonのS3と呼ばれるストレージに格納し、最後にGoogle Chromeの機能拡張を作成、Webサイトを表示するときにS3の情報を読み込み、自動的にハイライト表示されるという仕組みです。

この事例では、自社内で利用するツールを作成しました。すべてイチから開発することも可能ですが、まずは社内で活用できるツールを探して組み合わせて見ることでデジタライゼーションに挑戦することが可能になるのです。

Amazon S3とは、クラウド上にあるデータ保存領域です。AWSの1つとして提供されていて、低コストで必要に応じた容量のストレージとして利用できるのが特徴です。正式名称はAmazon Simple Storage Serviceで、Sが3つあるので「S3」と呼ばれています。

NEXT PAGE →

事例④ 特許調査にかかる時間をデジタルで大幅カット

ビジネスが新しい価値の開発である以上、避けて通れないのが特許調査です。世界中では毎年300万件以上の特許が出願されており、その膨大な特許のなかから、自身のアイデアに似た発明がすでに存在しないか、他社の特許権を侵害しないかを調べることは、専門知識を持つ人間にとってすら困難な作業となっています。本来は発明を促進する役割である特許が膨大化しすぎた結果、いまでは調査にかかる費用と時間が新たな発明や事業を妨害しているのが現状です。
その課題を解決すべく、特許調査プロセスのデジタル化に取り組んだのがamplified ai, inc.です。1億2,000万件を超える世界中の特許文献をディープラーニングで学習し、新しい発明と類似する特許を数秒で発見して提示する仕組みを開発しました。これまで人間の手で行う必要があったキーワードや特許分類を使った検索条件の設定作業は消滅し、人間は人間にしかできない特許文献の分析により多くの時間を費やすことができます。
特許文献に限らず、専門性が高い文献の検索は人間にとって骨が折れる仕事です。しかし、「検索」という作業そのものはまさにデジタルが得意とする領域です。人間が行うべき仕事と、機械に任せられる仕事を整理することは、生産性を高めるうえで必要不可欠です。

▶ Amplifiedによる検索プロセスの省力化 図表51-4

通常の特許調査プロセス

検索式の設定	調査結果のスクリーニング	読み込み、分析	レポート作成、完了

→ 12～14 時間

Amplifiedによる特許調査

0～1 時間

※AmplifiedのWebサイトより一部改変のうえ引用

Amplifiedによって生み出された時間を利用して、より生産性の高い仕事が行える

amplified ai, inc.はアメリカのスタートアップ企業ですが、特許調査に一番厳しい目を持つ日本マーケットが最適なスタート地点と考え、まずは日本語と英語で調査できるプラットフォームを開発しました。今後は、ほかの特許関連作業へのAI技術の適用にも取り組むそうです。

事例⑤ オープンデータでAIを開発

最後に取り上げるのは、競馬予想AIです。文字通りAIを使ったサービスではありますが、オープンデータを集めてサービス化する点に着目し、ここで取り上げます。競馬の楽しみの1つは、どの馬が勝つかを予想することです。各馬のこれまでの実績、過去に記録したタイム、距離や競馬場ごとの成績、血統、調教での走り方など各種のデータが予想には欠かせません。そしてこれらのデータを分析することで、レースの予測精度を上げることが可能なのですが、プロならともかく、多くの一般的な競馬ファンにはなかなか難しい作業となります。それでも予想が競馬の楽しみである以上、そういった層にも楽しんでもらえたら……。そんな想いで開発されたのが、株式会社GAUSSの競馬予想AI「SIVA」です。競馬のレースは毎週開催されているので、予測に必要なデータの収集には事欠きません。また、レースを重ねるたびにAIが学習を行っていくので予測精度も向上します。競馬予測は、コンテンツの1つと面白いため、競馬ファンの裾野を広げるという役割も果たしています。

競馬のデータは公開されているため、オープンデータといえます。このデータを活用して新しいサービスを生み出しており、これもデジタライゼーションの一例です。この例のように、データは必ずしも自社で生成しなくても、新しい価値、サービスを生み出せるのです。

▶ 誰もが競馬予想できる楽しみを提供 図表51-5

競馬情報誌から人が予測

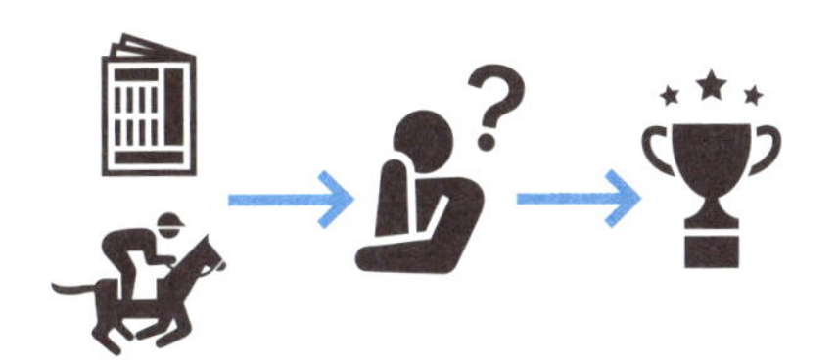

競馬情報を解析して SIVA が予測

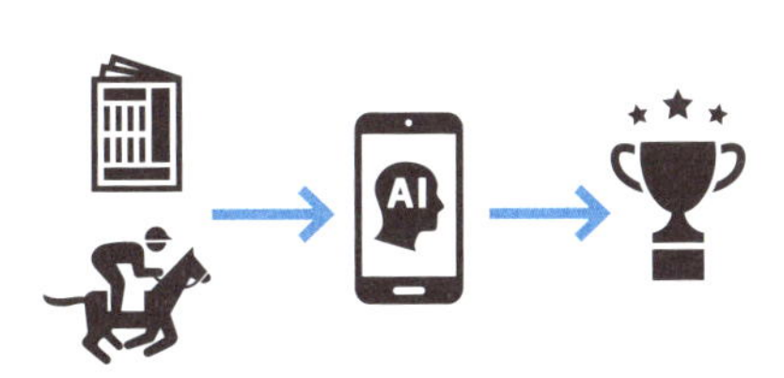

オープンデータを使ったAIによる予測で、幅広い層に競馬の楽しさを訴求

ワンポイント デジタライゼーションに成功している企業の特徴

デジタライゼーションに成功した企業に共通しているのは、自社で扱うデータを軸にデジタル化を進めたことです。システムの刷新に限定したデジタル化では、業務効率の観点だけで終わってしまうことが多いでしょう。一方、データに着目することで、ビジネスの価値が高まったことが、これらの事例からよくわかるかと思います。あくまでもデータを集めて活用していくことが新たな価値を生むDXにつながっていくのです。

Lesson 52 [DX]

事例に学ぶデジタル化③「まったく新しい価値を生み出す」

このレッスンのポイント

このレッスンでは、これまでにないまったく新しいサービスを構築したDXの事例を紹介していきます。サービスは新しくても、テクノロジー自体は新しいものではないという点に注目しましょう。

データの把握とビジョンが描けている

DXに挑戦して一定の成果を得ている企業には共通点があります。それは社内のデータを把握するのはもちろん、ビジネス全体を理解して、どのデータを活用すれば、新たなビジネスに参入できるのかビジョンが描けている点です。その点に留意しながらこれから紹介する各社の事例に目を通していきましょう。特にヤマトホールディングス株式会社は、宅急便のDXなどの経営構造改革を公表しています。事業の発展を学ぶうえでも参考になる点が多いはずです。

▶ DXの事例掲載企業 図表52-1

- **ヤマトホールディングス株式会社**
  「YAMATO NEXT 100」による宅急便のDX
- **株式会社スピークバディ**
  AIキャラクターが英語の話し相手になってくれる英語学習のDX
- **株式会社 STANDING OVATION**
  クローゼットをデータ化したコーディネートのDX
- **ウォンテッドリー株式会社**
  ビジネスSNSを用いたリクルーティングのDX
- **株式会社キャスター**
  「リモートワークを当たり前にする」労働力のDX

事例① 人と人のつながりを強化するDX

近年、ネット通販の急速な拡大によって荷物の取扱量が爆発的に増えています。その一方で、深刻さを増す人手不足、トラック運転手の長時間労働、過疎化が急激に進む地域への対応、再配達問題など、解決を急ぐべき課題も山積しています。

こういった諸問題を解決する手段としてDXに取り組んでいるのがヤマトホールディングス株式会社（以下、ヤマトHD）です。ヤマトHDでは、組織を挙げて、事業と組織の両側面からDXを実践するうえの指針「YAMATO NEXT 100」を掲げています。YAMATO NEXT 100では、宅急便のDXを構造改革の1つと位置づけています。ヤマトHDのプレスリリースを引用して紹介しましょう。

「デジタル化とロボティクスの導入で、『宅急便』を当社の安定的な収益基盤にするとともに、セールスドライバーがお客さまとの接点により多くの時間を費やせる環境を構築し、お客さまとの関係を強化します。」

宅配サービスは、人々の生活にとって欠かせないインフラですが、インフラであるだけに「人と人のつながり」を意識することはあまりないのではないでしょうか。セールスドライバーとお客さまとの時間を確保するという観点は、目から鱗ともいうべき価値だと思うのです。たとえばドライバーの顔が思い浮かべば、なるべく再配達の手間のかからないようにしよう、なんてふうに考えるでしょう。

AIやデータ分析など、テクノロジーによるオペレーションの最適化を推し進めながら、人間同士の心のふれあいまで強みにした、究極のDXといえます。

▶ ヤマトのDX 図表52-2

DX

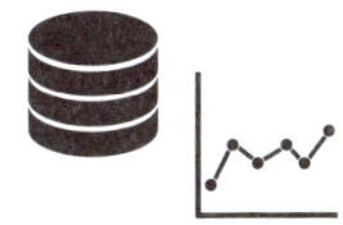

お客さまとの関係を強化

DXで宅急便の最適化を行うことで、お客さまとの関係を強化するというビジョン

DXによって現場の配達方法も変化します。たとえばドローンやロボットによる配送や、宅配ボックスの活用など、不在時の無駄をなくす仕組みも考えられているそうです。

NEXT PAGE →

事例② 英会話学習のハードルを下げたDX

デジタルによって課題を解決するという文脈で中心になるテクノロジーは、やはりAIでしょう。

レッスン51でもふれたように、英語を学びたい需要は年々増加していますが、気軽に学びたいと思い立ったときに一番困るのは、会話相手が見つからないことではないでしょうか。いまではオンラインの英会話レッスンも伸びていますが、予約が煩雑だったり、先生が毎回変わったりといったことが、大きなハードルとなっています。そこで生み出されたのが、AIが会話相手となるサービス「スピークバディ」です。これなら会話相手を探す必要はないし、先生の都合で担当が変わることもありません。

英会話のハードルの1つに、「対人で英語を話すのが恥ずかしい」というものがあります。しかし相手がAIであれば恥ずかしいことはないでしょう。相手が機械なので、伝わらなかったらどうしよう、だとか、間違ったらどうしよう、とか、失礼な表現を使ったらどうしよう、などといった心配は無用です。そして何よりも、時間や場所を選ばずに英会話ができるという点は大きなメリットです。

英会話学習の新しい価値を生み出したスピークバディ。これを支えているのは人の会話を認識する音声認識技術と、それに対して適切な会話を返すAIです。デジタルによる、英会話学習の変革といえるでしょう。

▶ AI英会話SpeakBuddy 図表52-3

自分のレベルに応じて、さまざまなキャラクターやシチュエーションが用意されるので、楽しく学習できる

自国にいながら外国言語を習得して、海外に自信を持って出ていけるサービスを目指すことができるスピークバディに注目です。

事例③ コーディネートを通じて新しい価値を提供するDX

ファッションの楽しさは、着るだけでなく、何を着ようか考えるところにもあります。しかし、たくさんの洋服のなかから、その日の天気や予定を考えながら、コーディネートを考えるのは面倒と感じることもあるでしょう。また、せっかく買った洋服がクローゼットに収納されたまま、という人も多いはず。

そんな悩みを解決してくれるのが、クローゼットのデジタル化です。株式会社STANDING OVATIONが開発した「XZ」(クローゼット)は、オンラインのクローゼットアプリで、自分が持っているアイテムの画像を簡単に取り込み登録します。すると、AIスタイリストがその日の天気などによっておすすめのコーディネートを提案してくれるのです。XZにはユーザーからアップされた大量のアイテム画像や、コーディネートされたデータがあり、それらを分析してAIスタイリストが自動的に提案してくれるという仕組みです。ほかのユーザーがおすすめするコーデを試すことや、身長や体格などのデータから、よりパーソナライズされたコーデを試すことも可能になる予定です。これはアパレルメーカーによってもビジネスチャンスであり、たとえばXZから直接購入できる仕組みを取り入れることも考えられています。

これはある意味、究極的なターゲティング広告といえるかもしれません。本来、私的なものであるクローゼットをデジタル化したことで、その人の嗜好に直接マッチした提案が行えるのです。ここから新たなビジネス活用の基点にもなっていくでしょう。

STANDING OVATIONでは、XZを架け橋とした、ECとリアル店舗の垣根を超えたOMOで、「購入→有効活用→リユース」というサステナブルなエコシステムを形成したいとしています。これはほかのビジネス領域でも参考になる事例です。

▶ XZ(クローゼット)のイメージ 図表52-4

手持ちのアイテムを登録しておくと、その日の天候などを分析したうえで、自動的にコーディネートを提案してくれる

NEXT PAGE →

事例④ ビジネスSNSから企業の課題を解決するDX

昨今ではSNSを通じた就職活動もありますが、自分の知り合いの域を超えたつながりをつくるのは難しい状況です。ウォンテッドリー株式会社では、そのようなSNSの障壁を取り払うためのビジネスSNS「Wantedly」を展開しています。Wantedlyが面白いのは、「つながりを深める」ことに重点を置いている点です。たとえば企業情報には給料や福利厚生といった条件は載っていません。そのため、企業が持つ風土や仕事内容など、働くための本質的な部分に共感できるかどうか、という観点で企業を選べます。また、企業の募集ページには「話を聞きに行く」ボタンが用意されており、ユーザーは興味を持った企業を気軽に訪問できます。これはこれまでの会社訪問のイメージを覆すほど「会う」ことのハードルを下げた機能であり、スマホアプリを入り口にした、リクルーティングの変革といえる試みです。

こうしたビジネスSNSで獲得したデータをもとに、さらなる領域へのDXとしてエンゲージメント事業を開始しています。Wantedlyは「あの会社に訪問したい」という求職者の課題と、気軽に応募してほしいという採用企業のニーズを、SNSやスマホアプリによって上手に解決した事例です。結果として、採用メディアビジネスとして収益アップを実現。そして、ビジネスSNS「Wantedly」で得られたユーザーと企業データを用いて、「採用後の定着率改善」という多くの企業が抱える課題を新たなビジネスとして、サービスを展開しています。

▶ 採用にまつわる課題をDXで解決 図表52-5

採用以降のプロセスまで含め、人と企業の関係を深めることを、デジタルによって実現

企業が持つ採用予算を狙うビジネスから、福利厚生や定着率といった新たな収益源を狙った新ビジネスを展開できるのは、大量に蓄積された採用データと、ウォンテッドリーが持つテクノロジーリテラシーの高さによるものでしょう。

事例⑤ リモートワーク時代の働き方を支援するDX

リモートワークを中心とした人材事業を幅広く展開している事例を紹介します。「リモートワークを当たり前にする」というミッションを掲げる株式会社キャスターです。労働人口の減少が社会問題になっていることはこれまでにもたびたび言及してきましたが、短時間なら働ける、地方でなら働けるなど、条件の幅を広げてみれば、優秀な働き手は数多く存在します。また、純粋に人手がほしいのであれば、雇用という形態にこだわる必要もありません。しかし働き方の価値観が多様化したいま、特定の企業に縛られる雇用よりも、自由に働くスタイルを求める人材が増えているのです。そういった雇用主と働き手のマッチングを行うのが株式会社キャスターの「CASTER BIZ」というサービスです。たとえば、地方にいる優秀な人材をリモートでキャスターが雇用することで、企業は短時間だけさまざまなリソースを調達するといった活用ができます。

CASTER BIZは、こうしたリモートワーカーの大規模データベースです。登録されたリモートワーカーのデータは、キャスターのシステムによって分析され、人手を必要とする企業に最適なリモートワーカーがマッチングされます。データ分析によって、ディレクターが担うプロセスをデジタル化。まさに労働力のDXといえるでしょう。

コロナ禍の影響により、世界中でリモートワークが当たり前になりつつあります。また、働き手側も1社に雇用を縛られる時代から、複業を通してワークライフバランスや資産形成を行う時代に突入しています。こうした市場変化に、雇う側と働く側の「労働に対する意識」が変化していく必要があります。

▶ CASTER BIZのイメージ図 図表52-6

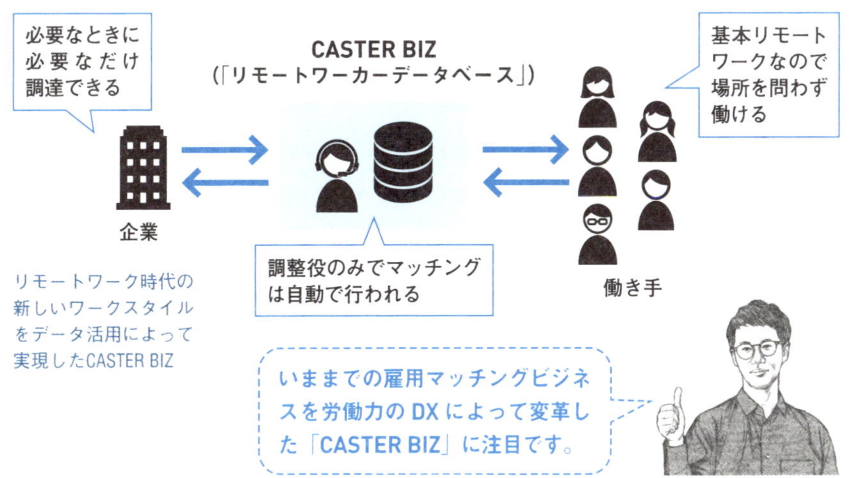

リモートワーク時代の新しいワークスタイルをデータ活用によって実現したCASTER BIZ

COLUMN

なぜDXはスタートアップのほうが多いのか

事例を見て、スタートアップ企業が多く立ち並んでいることに違和感を覚えた方もいるでしょう。なぜ、スタートアップがデジタライゼーション、DXに挑戦できているか、取材後記も含めて紹介します。

スタートアップ企業が、すでに成熟したマーケットで大企業を相手に戦うためには、武器が必要です。その武器の1つがDXなのです。いまでは消費行動がオンライン化しているため、インターネットでサービスを行えば、すぐにユーザーが集まり、彼らのデータを収集できるのです。

たとえばネットスーパーをやるとして、10年前にやるのといまやるのとでは障壁がまるで異なります。いまならネットスーパーにハードルを感じるユーザーが少ないため、比較的スムーズに利用者を増やせるはずです。

大企業は、豊富な資金で地道なマーケティングを行い、大量にユーザーを集めてビジネスを循環しています。スタートアップが彼らとの真っ向勝負しても勝てないので、隙間を狙った結果、データを活用したビジネスに行き着きます。

大企業も、これからは資金とユーザー資源を活用してスタートアップに追従されない新たなビジネスモデルを構築することが求められるでしょう。こうした現在の大企業とスタートアップのせめぎ合いが、DXがトレンドになった理由の1つにもなるのです。

繰り返しますが、データをうまく活用することが、これからのビジネスにおける成功の鍵を握っています。DX事例で興味ある会社を見つけたら、事業の立ち上げまで遡って、創業ストーリーを読んでみるとよいでしょう。すでに既存ビジネスを展開されている大企業の方でも新ビジネス構築のヒントが見つかるかもしれません。

▶ 大企業とスタートアップのデータ活用構図 図表52-7

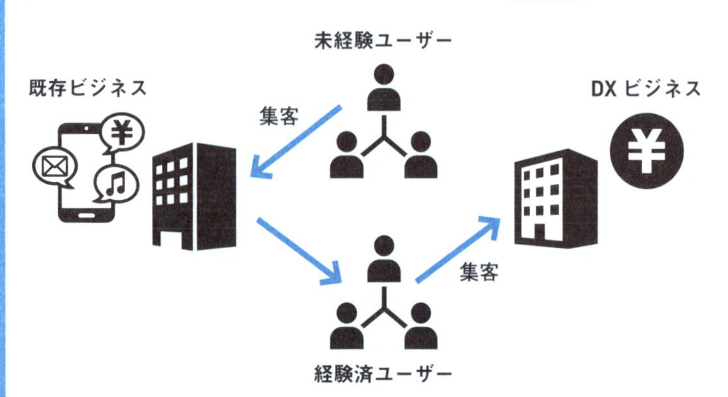

Chapter

6

DXの先を見据えて

本章では本書の締めくくりとして、DXに至るまでのテクノロジーを紐解きながら、これから起きることにどう対応していけばよいかを解説していきます。

Lesson 53 [ITの進化スピード]

DXはIT導入の集大成ではない

このレッスンのポイント

ものすごいスピードで進化していくIT。DXはその集大成ではなく、変化はその先にあります。過去から現在に至るITの進化の歴史を学び、DXのような新しいトレンドに対応できるスキルを身につけていきましょう。

ITはまだ始まったばかり、変化に加速度がついている

「最近、ITの進化についていけない」……そんな声が私（進藤）のまわりでもよく聞こえてきます。私もいまからほんの2年前にRPAに関する本を書いたかと思えば、2020年にはDXの本を書いており、流れの速さを感じます。しかし歴史を振り返れば、ITの変化は加速度を増していきます。

なぜ進化のスピードが速いのか。それはずばり、ITがまだ黎明期にある産業だからです。ITが生まれたのは1950年代。IBMやNEC、富士通などが企業向けにPCを販売していたころです。そこから70年、ずいぶんと長く感じますが、図表53-1を見てください。たとえば自動車産業の成立は1700年代までさかのぼります。いまなお自動車が進化し続けていることを考えると、IT産業はまだ若い産業であるといえるでしょう。IT産業の歴史はまだまだ成長期で、人間の10代が最も変化が激しいのと同じで、姿も形も変わっていきます。

▶ 自動車の歴史とITの歴史の比較 図表53-1

自動車は260年、パソコンは70年、IT産業はまだ若い

DXはリアル世界がITに変化する開始点

多くの企業がDXに取り組み始めたのは、まだ最近のことです。それも2020年、新型コロナウイルス感染症の対策として、リモートワークの拡大や低接触型のビジネスへの注目度が高まったことがその大きな後押しとなっています。

DXはクラウド、モバイル、AI、IoTといったテクノロジーの集合体で成立しており、こういったテクノロジーによって収集、蓄積されたデータがビジネスを変えていくのです。

その端的な例として、ここでもAmazonに登場してもらいましょう。ネットショッピング大手として知られるAmazonですが、2018年の時点で最も高い成長率を示しているのはリアル店舗だということをご存じでしょうか。2017年から2018年の実店舗の売り上げは197%の伸び、売り上げの総量でもAmazon Primeなどの会員事業の6%を超える7%に達しています。

サンフランシスコにオープンしたAmazon GOはレジでの精算なしに買い物ができる「無人店舗」だと思われています。しかしその実態は「リアル世界のインターネット化」です。どういうことでしょうか。

ネットショッピングでは、顧客がどんな商品を何分間閲覧して、どれを買ったかが追跡されます。Amazon GOはリアル店舗でも同じことを実現しているのです。

誰が来店して、どの商品を手に取ったか。どういう順で店内を歩いたか。何を買ったか。など、店内の行動がすべて追跡されています。まさにインターネットのWebサイトでユーザーを追跡するのと同じことがリアル世界の日常でできるようになったのです。

おそらく、リアル店舗の追跡データはインターネット上の購買履歴と紐づけられています。そうなるとリアル店舗で棚に戻した商品をインターネット上でおすすめされる、インターネットで見た商品をリアル店舗でおすすめされる、というようなリアルとインターネットの垣根がない世界が実現するでしょう（図表53-2）。

リアルとネットが融合する 図表53-2

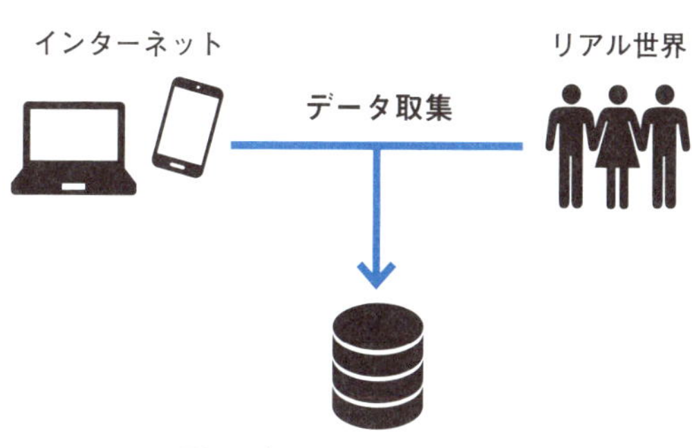

同じデータとして分析でき、インターネットとリアルが融合

Lesson 54 [DXまでの道のり]

ビジネスを支えてきたテクノロジー

このレッスンのポイント

このレッスンと次のレッスンでは、筆者の勤務するディップ株式会社の実例をもとに、2000年代を振り返ります。ビジネスの常識がテクノロジーによってどのように変化してきたかを眺めていきましょう。

デジタル化のきっかけはビジネスの拡張

デジタル化のきっかけにはさまざまなものがありますが、会社を成長させ、ビジネスを拡張するために必要に迫られて行うケースが多いのではないでしょうか。筆者の会社もその1つです。2006年、それまで社員数400人程度だったところに新卒200人、中途200人の合わせて400人を採用。1年のうちに社員の数は倍になったのです。業績は3倍ゲーム、急速な成長を遂げながらも大混乱の日々。たとえば営業リストが共有されておらず、同じ営業先に重複して電話をすることもありました。勤怠管理も紙で行い、交通費精算も申請書を印刷して印鑑で承認を取るというフローでした。当然その処理に忙殺される営業やバックオフィスは、事務作業にたくさんの時間を取られていました。

そんな状況を脱却するために導入されたのが、社内にサーバーを設置したオンプレミス環境の営業支援システムや業務システム、いわゆる統合基幹業務システム（ERP）でした。トップダウンでERPを導入したことで急速に紙の帳票は減り、デジタイゼーションが進みました。

散在するアナログ業務を“強引に”整理する意味でも、デジタイゼーションはトップダウンで行い、システムに体を合わせることもおすすめです。

メールとスマホの時代、クラウドへの移行

2010年頃からはスマートフォン（スマホ）が広く浸透し、ディップが運営するアルバイト、パートの求人情報サイト「バイトル」などもスマホに対応しました。これはユーザーにサービスを使ってもらうための施策の1つです。そして自社サービスをスマホに対応する以上、社員に貸与していたガラケーもスマホに切り替える必要が生じ、併せて各社内システムもスマホ対応に舵を切ることとなったのです。ディップでデジタライゼーションが進んだのは、スマホという黒船の到来によるものだったといえます。

同じ頃のデジタルトレンドに「クラウド」があります。スマホと同様、いまでは意識することなく当たり前に使われているインフラです。クラウドは、インターネット上にデータやサービスを置いて、どこからでもアクセス可能にする概念です。ディップでは、Googleが提供するGoogle Apps（現G Suite）を導入しました。

Google Appsは、メールやカレンダー、文書作成ツールなどで構成されており、企業が独自にサーバーを構築することなく、Webブラウザからアクセスできるのが特徴でした。クラウドでビジネス文書を共有できるため、チームでの共同作業が効率よく行え、またすべてのシステムをオンプレミスにする必要がなくなったため運用管理コストの面でも大きなメリットが得られたのです（図表54-1）。

システムのクラウド化は、デジタライゼーションを加速させました。スマホ環境を基準に、サービスの閲覧環境を強制的に整備できたのは副産物的なメリットといえるでしょう。

▶ ディップのデジタライゼーション 図表54-1

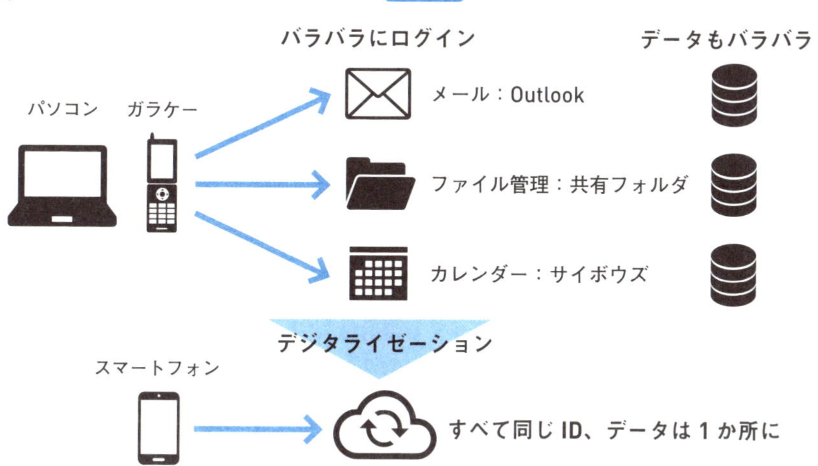

パソコンやガラケーそれぞれで利用するシステム間で連携ができておらず、もちろんシステムが集めるデータもバラバラに管理されていた。デジタライゼーションによって、どこからでも、どんなデバイスからでも同じシステムを利用できるようになった

中途半端なデジタル化がレガシーシステムをつくる

紙からデジタルへ、2006年のビジネス拡張を契機に加速的に進めてきました。それからおよそ10年経った2015年、私たちの目の前には加速的に増すコストの山がそびえていました。レガシーシステムです。

2006年ごろに導入されたERPは老朽化が進み、メンテナンスコストもかかるようになりました。一度に刷新できればよいのですが、そう簡単には進みません。レガシーシステム自体が業務を回す大事なサービスであり、稼働を停止できないためです。また、費用対効果のわからないシステムの更新へ投資することは経営判断としても難しいものでした。

現場に目を移すと、個人のPC内で管理されたデータが多く、それらをいかにして利用可能なデータにするかという問題も残っています。そもそも各自は目の前の仕事をこなす必要があり、データの運用などに手が回らないのです。システムを移行する前に、現場の仕事を減らす必要があったのです。

ツールを活用して現場の仕事を減らす

現場の仕事を減らすためにまず行ったのはデータの統合です。なるべくコストをかけずにこれを行う必要があったため、ExcelとERPをWeb上で疑似的に統合し、データ同士がつながっている状態をつくりだしました。また、Googleスプレッドシートなど比較的容易に開発できるツールを使って、入力されたデータをほかのシステムへ転記するツールを作成。そこにRPAを動かすことで、1つのデータを入力すれば後工程が自動的に動いていく状態にしました。

レガシーシステムはなくなっておらず、何か大きなシステムをつくったわけでもありません。しかしディップはこの1年で年間10万時間以上、正社員に換算しておよそ50人分の時間を削減できました。いまや20万時間、100人分の仕事をRPAが行っています。このように、あまりコストのかからないツールを活用して、擬似的にDX後の状態をつくってしまうというのは賢いやり方だといえます（図表54-2）。

▶ RPAとSaaSで疑似的なDXに 図表54-2

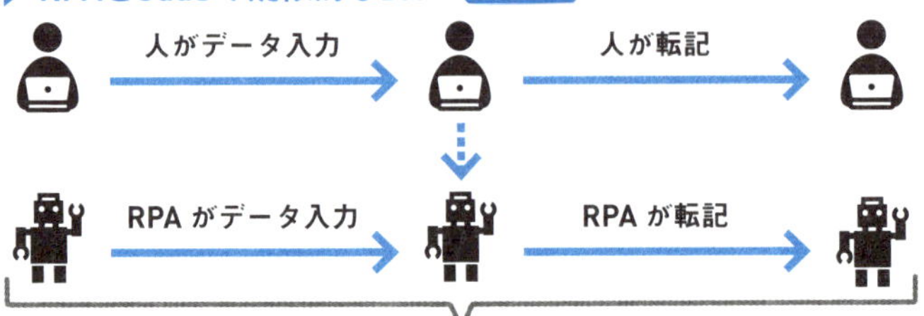

RPAやSaaSを活用し、大きな開発なく工数削減、データがつながる

DXに至るまで

RPAとSaaSによってディップでも日常業務の多くをWeb上で行えるようになりましたが、営業関連のシステムはレガシー化したままでした。現在ディップで働く2,000人のうち1,700人が営業スタッフであり、営業関連システムを更新すれば、非常に大きな効果を生みます。そこで営業の基幹システムをDX化するプロジェクトを立ち上げました。そのポイントはこれまでのレッスンで説明してきたとおりです。図表54-3で示すように自社のコアな競争力となる部分は自前で開発し、それ以外は外部のSaaSを利用することで、コストパフォーマンスが高いシステムを設計しました。営業が新しいお客さんを見つけ、出会い、提案し、受注するといった事業の一連の活動がデジタルによって統合され、副産物として営業の事務工数も大幅にカットできたのです。

これによって、「バイトル」や「はたらこねっと」などの事業は、ワンボタンで営業から受注請求まで完了するというDXを実現しました。このDXを支えたのは、**最小限の投資による開発と、現場に深く入り込んだからこそ可能となる柔軟な姿勢**にあったといえます。

▶ 自社のコアな部分は自社で開発する 図表54-3

SaaS

他社と違いが出ない業務
勤怠、経費、労務、申請、稟議など

自社開発

他社と違いが出る業務
営業、マーケ、製造など

ワンポイント テクノロジーが生む未来のビジネス

日本では生産者人口が減る一方、消費者となる高齢者層は増えています。この先、人間の労働力だけで世の中のニーズを満たすことは難しくなっていくでしょう。たとえば上述のようなシステムを外部解放することで、多くの企業にとって今後問題となる生産力低下という問題の解決につながるでしょう。テクノロジーを知ったうえで社会を俯瞰することで、新しいビジネスヒントが芽生えてくるのです。

Lesson 55 [ITトレンド]

DXを支える5つの技術キーワード

このレッスンのポイント

DXを推し進めているのは、レガシーシステムや労働人口の減少といった諸問題だけではありません。DXを生み出し、加速させている5つのキーワードから、私たちが身につけるべきスキルを考えていきましょう。

今後10年で起こること

今後10年でますます重要になるのは「効率化」「スピード感」です。1つ目の「効率化」は本書でこれまでも取り上げてきたメインテーマです。働き方改革を始めとした労働生産性に対する要求が増えてきましたが、これから先も私たちは「労働人口が急減しており生産性を高めなければならない」というプレッシャーから追われ続けます。それどころか追いつかれるのも時間の問題です。

もう1つは「スピード感」。要するに「速くやる」ということです。これは本書の裏テーマといえます。前のレッスン54で見た通り、2000年の1桁台ではゆるやかだったシステムの変化が、2010年以降加速していることがわかるでしょう。

DXをはじめとするデータドリブンなサービス開発は、先行企業ほど得をします。早ければ早いほど、ユーザーの獲得機会が増え、利用回数も増え、そこからフィードバックを得て追加サービスの開発や改善を行えます。データは石油のようなものです。蓄積するデータの量がたくさんあるほど高度な分析ができ、業務改善やDXにつながります。速いことはそれ自体が価値で、同じ時間でより大きい価値を生み出せます。

「速くやる」ことは、私たちが今後10年を考えてITに取り組むときに大事なキーワードです。

DXとともに押さえておくべき技術キーワード

まず私たちが学んでおきたいのは「スピード」に関する5つのキーワードです。

1つ目は計算の進化です。ムーアの法則でも知られる計算速度の進化は、データ処理能力を格段にアップさせました。大量のデータ処理で実現する機械学習やディープラーニングは、いままでとは桁違いの高スピード、低コストでデータを処理できるようになりました。

2つ目は通信の進化です。5Gが普及すればデータ通信が高速化、大容量化します。いままで実現できなかったもの、たとえばシビアなリアルタイム性が求められる自動車間通信や遠隔手術ができるようになるでしょう。

3つ目はインフラの進化です。AWS（Amazon Web Services）、GCP（Google Cloud Platform）は、AmazonやGoogleによる外部解放インフラといえるサービスです。企業が必要とするさまざまな業務システムやWebサービスを比較的簡単に構築でき、スピーディに運用の規模を拡大できます。いままではサーバーなどハードウェアの購入から行って、時間とコストをかけて構築していたサービスが、即時に利用できるようになりました。

4つ目は開発の進化です。設計重視主義で、大規模システムを時間をかけてつくるのを是とするウォーターフォール開発から、小さく動くシステムをすばやくつくっていくアジャイル開発が主流になりました。さらにはソースコードを書かなくてもよいノンコーディングという仕組み生まれ、特別な知識がなくてもアプリをすばやくつくれる環境が整ってきています。

5つ目はビジネスモデルの進化です。無料で提供することがマーケティング施策となり、結果として大量の顧客を獲得するフリーミアム。購入ハードルを下げ、継続的に収益を得るサブスクリプション。さまざまな価値をサービスとして提供するSaaS。テクノロジーの進化にともない、さまざまなビジネスモデルが生まれました。いままで初期コストがハードルとなって購入できなかった人たちを、瞬時に大量に集められるようになったのです。

図表55-1に挙げた5つの進化は、今後のビジネスに欠かせないキーワードです。これらを知らずして新しいビジネスの構築は不可能といっても過言ではありません。次のレッスンから、それぞれ詳しく見ていきましょう。

▶ 5つの進化 図表55-1

計算

通信

インフラ

開発

ビジネス

ITを支えるすべての要素が高速化している

ITを支えるすべての要素が高速化することで世の中の変化が早くなる

Lesson 56 [AI、機械学習]

計算の進化がもたらした人工知能(AI)

このレッスンのポイント

人工知能はいまでは当たり前のように身の回りで活用されている技術です。このレッスンでは、人工知能の基本的な仕組みと、人工知能が実用化される背景である計算速度について見ていきます。

計算速度がAIの進化をもたらす

数か月ごとに工場の生産量が倍増する技術進歩があったとしたら革命的ですが、コンピューターの計算速度は、それに近い進化を遂げてきました。「ムーアの法則」によれば、コンピューターの性能は18か月で2倍、2年後には2.5倍、5年後には10倍……と、倍々に増加していくとされ、実際それに近い速さでコンピューターは進化してきたのです。ムーアの法則は「集積回路上のトランジスタ数は18か月で2倍になる」というものですが、事実チップは小型化することで性能を高めてきました。数年前まで両手で抱えるほどの箱サイズだったコンピューターが、いまや腕時計サイズになっていることからも、その進化のスピードは実感できるでしょう。

このコンピューターの計算速度の進化がもたらしたのは、AIの爆発的進化です。AIは、計算を行うことで学習していきます。多く計算するほど、性能が高まっていくということです。計算速度の爆発的な成長は、システムを安価で高速に運用できる基盤をつくり、AIの進化をもたらしています。

用途に応じたAIの技術を選択できるようになるのも私たちの大事なスキルになっていきます。

AIを支える機械学習

AIを支える技術の1つが機械学習です。機械学習は、コンピューター自体にデータの特徴を学習させる技術で、身近なところでは話しかけると質問に答えてくれるパーソナルアシスタントなどが機械学習の仕組みによるものです。
機械学習にはいくつかの種類があります。1つは人間が正解を教えて学ばせる「教師あり学習」です。たとえばレッスン43のワンポイントの例のように、犬の画像には「犬」、猫の画像には「猫」というラベルをつけて、コンピューターに読み込ませます。さまざまな犬や猫の画像に正解となるラベルをつけて読み込ませることで、コンピューターが特徴を学習し、ラベルがついていなくても画像の特徴から犬か猫か分類できるようになります。迷惑メールのラベリングなども教師あり学習の一種です。
正解のないデータから共通する特徴を発見するのが「教師なし学習」です。大量の顧客データから何らかの傾向を読み取って分類するといったことが可能です。
囲碁のプログラムのように、一定の条件のもとプログラム自身が最適な選択を繰り返すのが「強化学習」です。ある環境においてある行動をすると点数が加算される、といった設定により、コンピューター自身が点数をインセンティブとして行動するようになります。たとえば、自動運転の状況判断の学習にも使われます。
また、機械学習の手法の1つに「ディープラーニング」があります。これは人間の脳神経を模したニューラルネットワークという仕組みを用いて、より複雑な学習を行うモデルです。ディープラーニングを行うには、大量のデータと大量の計算が必要となります。

誰でもAIをつくれる時代が間近に

「AIの民主化」という概念が広まっています。簡単にいえば「AIを誰でも使えるようにしよう」というものです。これを支える仕組みがオープンソースです。オープンソースとは、ソースコードを無料公開し、誰でも自由に改良や再配布できるようにしたソフトウェアのことです。
AIは画像認識や音声認識といったソフトウェアの集合で構成されていますが、こういったソフトウェアの多くがオープンソースで提供されており、そのことがAIの発展を支えています。同じようにAIに必要な学習データについてもオープンソースで提供されています。こうした取り組みによって、誰もがAIの開発を行えるようになりました。
最近ではさらに進んで、プログラミングをほぼしなくてもAIを開発できるサービスが生まれています。開発のハードルが下がれば、それだけ多くの参入を促し、これまでにない新しいサービスや技術が生まれる土壌が形成されます。

Lesson 57 [5G]

生活インフラに革新を起こす5G

このレッスンの ポイント

「5G」はスマホの売り文句の1つと思いがちですが、すべてがインターネットにつながり高速でデータをやり取りするIoT時代の主役ともいえる技術です。5Gとそこにつながるハードウェアの可能性を知っておきましょう。

IoTを支える5G

ITの成長スピードを加速させる技術の1つが5G（5th Generation：第5世代）です。5Gは移動通信技術の世代を表すキーワードで、1980年代の1Gにはじまり、ほぼ10年ごとに世代が変わっています。移動通信技術とは簡単にいうと、あらゆる場所で通信を行うための仕組みです。5Gは、超高速、大容量、低遅延に通信できるのが特徴で、これによって一度に多くの情報を、リアルタイムに送受信できるようになります（図表57-1）。

スマートフォン、家電製品、自動車などあらゆるモノがインターネットにつながるIoT時代に突入し、通信端末やデータが増え続けています。この受け皿として、5Gの役割は今後より重要になってくることが予想されます。

▶ 4Gに対する5Gの特徴 図表57-1

20倍 速い

10倍 遅れにくい

100倍 接続できる

4Gと比較すると、5Gは速度、容量、遅延、同時接続数などにおいて10倍～100倍もの差がある

5Gがもたらすもの

5Gは、これまでできなかったことを実現します。たとえば産業分野では、サーバーやロボットなどの時刻を同期し、決められた時間内で決められたデータ送信を保証するといったシビアな精度が要求されます。これには高信頼性と低遅延性が求められますが、これまでは有線による通信でしか実現できませんでした。それが5Gによって無線通信で実現できるようになるとケーブルを取りまわす必要がなくなり、工場などの設計の自由度が高まります。こうした高信頼性、低遅延性は医療現場や工事現場、そして自動運転技術など、高い安全性が求められる場面でも新しいソリューションを生み出す可能性を秘めています。

エンターテインメント分野でも、eスポーツのように一度に大量の接続が行われ、リアルタイムな処理が要求される場面では5Gが不可欠です。仮想現実（VR）や拡張現実（AR）といった大容量の画像データを必要とする映像系分野でも同様です。これら今後の成長が期待される分野は、5Gのインフラによって支えられている部分が非常に大きいといえます。

こういった特定の分野だけでなく、私たちの生活にかかわる部分でも5Gの恩恵を多く受けられます。建物、道路、公園、河川などあらゆる場所にIoTセンサーを置き、大量のデータを収集することで都市インフラの効率的な運用を行うスマートシティ構想があります。交通渋滞をなくしたり、街灯を制御したり、配送ルートの最適化を行ったりといったことを実現する構想ですが、大量の端末を同時に接続可能な5Gの登場によって現実味を帯びたものになってきました。

5Gの恩恵を最大限活用できるようなサービスは何か、という観点でビジネスアイデアを考えるのもよいでしょう。

ワンポイント　国を挙げて推進するSociety5.0

現代社会では、情報化が進んだ一方で、情報の共有が進んでいません。いまIoT時代になってあふれる情報や知識の共有を進めて、あらゆる人たちの情報格差をなくし、社会生活の利便性を高めるための取り組みが行われています。これをSociety5.0といいます。そしてこのSociety5.0の主軸となるのが、人工知能とビッグデータです。このレッスンで例に挙げたスマートシティ構想も、Society5.0を実現するための取り組みの1つです。

Lesson 58 [デジタルツイン]

大きな可能性を秘めたVR、AR

このレッスンのポイント

前のレッスン57で見てきたように、5Gはさまざまな分野を押し上げる革新的なインフラです。ここでは、5Gによって大きな躍進が期待される技術であるVRとAR、そしてデジタルツインについて解説します。

5Gが伸ばすテクノロジー

コンピューターがつくりだす仮想的な世界をバーチャルリアリティ（VR、仮想現実）といいます。コンピューターグラフィックスによって現実に存在しない世界を構築したり、あるいは現実の世界をコンピューター内で再現したりすることで、あたかも自分がその世界いるような感覚が得られるのが特徴です。VRと似た概念にオーグメンテッドリアリティ（AR、拡張現実）があります。これはコンピューターによって現実世界を拡張する仕組みです。たとえばスマートフォンのカメラをかざすと、現実には存在しない動物などがカメラ内でリアルに表示されるアプリがあります。これがARです。

VRを利用するには、より没入感を得るためにVRヘッドセットを装着するのが一般的となっており、そのことが普及のハードルになっています。もう1つのハードルは、コンテンツが少ないことです。逆に、まだまだ伸びしろが大きい分野といえるでしょう。

▶ VRとAR 図表58-1

VR

仮想世界を体験

AR

現実世界に情報を表示

デジタルツインを理解する

VRは、ヘッドセットを装着することで360度が仮想空間として再現されます。そして利用者が持つコントローラーやセンサーなどによって、仮想空間に変更を加えたり、仮想空間からフィードバックを得たりできます。この特徴により、たとえばゲームであれば、平面的な画面上でプレイするのとはけた違いの臨場感が味わえるというわけです。

この仕組みはゲーム以外の分野でも活用が進んでいます。現地に行かずして不動産物件の内覧ができたり、手術のシミュレーションができたりと、時間や場所の制約なく体験や学習ができるというのが、VRやARのメリットであり、大きな役割として期待されています。

物理的な動作が仮想世界に反映されるということは、リアルな世界のできごとがそのままデータ化されるということにつながります。リアルな世界がリアルタイムにデジタルな世界として再現されることを「デジタルツイン」といいます。

従来は、現実に起こっていることを人間が数値として入力したうえでシミュレーションをしていましたが、デジタルツインではその必要はありません。たとえば線路の摩耗状況をシミュレーションするには、一定期間ごとに計測し、そのデータを取得する必要がありました。デジタルツインではIoT機器によってリアルタイムにそっくりそのまま摩耗状況が再現されるため、人手による作業が不要となります。また、リアルの世界で一定期間ごとに計測し続ける必要もありません。デジタル空間で異常を察知した時点で、リアル世界で対応すれば済むわけです。

スポーツなどでもデジタルツインが活用されています。選手が装着したセンサーやカメラから得られる映像により選手の動きをデータ化し、そっくりそのままデジタル空間に再現できます。心拍数や挙動を分析して、次の試合の戦略に活かすといったことが可能です。

デジタルツインとは、「デジタルの双子」という意味ですね。こうした技術は、VRやIoT、5Gによって加速的に進化しています。

Lesson 59 [クラウド]

クラウドサービスで開発を加速する

このレッスンのポイント

DXでは、すでに構築されたインフラを活用して、独自の機能をつくるのが開発の王道です。このレッスンではDXに欠かせないインフラとして、クラウドサービスとAPIの基本的な知識を身につけます。

クラウドサービスの利用は必須

インフラは「土台」のようなものです。土台というからには何かを支えているはずですが、たとえば水道や電気は生活を支える「生活インフラ」です。コンピューターの世界では、何かのサービスを構築するための基盤技術といった意味になります。このレッスンでは、クラウドサービスとAPIを取り上げましょう。

まずクラウドサービスとは、「インターネットを介して提供される機能」のことで、本書でも取り上げたSaaSのほか、PaaS、IaaSがあります（図表59-1）。クラウドサービスを使うことのメリットは、必要な機能を必要なだけ使える、ゼロから開発する必要がない、すぐに利用できる、サービスとして利用するためコストが低い、といった点が挙げられます。注意点としては、セキュリティの堅牢さはサービスの運用主体に委ねられていることや、サービスが提供する範囲でしかカスタマイズできないという点です。

▶ クラウドサービスの種類 図表59-1

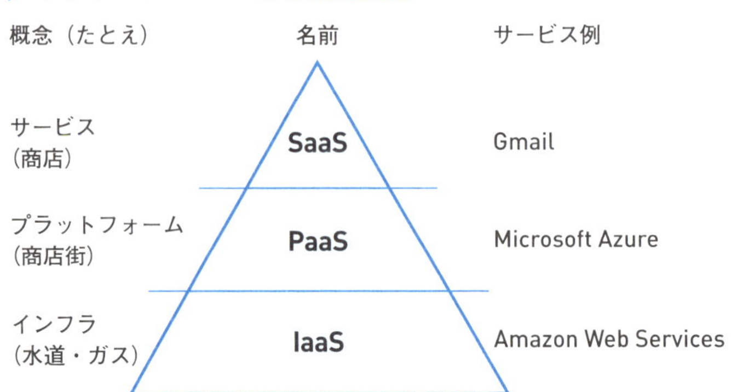

SaaS、PaaS、IaaSの関係性と、具体的なサービス例

代表的なクラウドサービス

クラウドサービスの代表的なものとしては、Amazon Web Services（AWS）やMicrosoft Azure、Google Cloud Platform（GCP）などがあります。これらは計算資源やストレージ、データベース、開発環境などを含んだツール群で、経理システムや顧客管理システムなど、いわゆる業務システムをクラウド上に構築できます。その企業が必要とする資源を必要なだけ利用できるため、自前でサーバーなどを購入してシステムを構築するよりも大幅な低コストで運用可能です。

APIがデータインフラに

本書では、「小さく」「すばやく」開発することに主眼を置いて解説してきました。クラウドサービスを勧めているのもそのためですが、APIも同じです。APIは「Application Programming Interface」の略で、プログラムの機能を共有する仕組み指します。たとえば何かのWebサービスを利用するときに、「Googleアカウントでログインしますか？ Facebookアカウントでログインしますか？」と、他社のアカウントでログインできることがあります。これは、Googleなどの認証機能がAPIとして公開されており、誰でも利用できるようになっているためです。図表59-2などの例の場合は、認証機能だけでなく、Googleなどが持っているユーザーアカウントのデータも使っていることになります。

APIにはいろいろなものがありますが、上に挙げたGoogleやFacebook、そしてAmazonやTwitter、LINEのAPIがよく使われています。APIとして公開されている機能を組み込むことで、自社独自の機能開発に注力できるのです。DXにおいて重要なデータ管理もAPIを使うことで省力化できます。

APIの概念 図表59-2

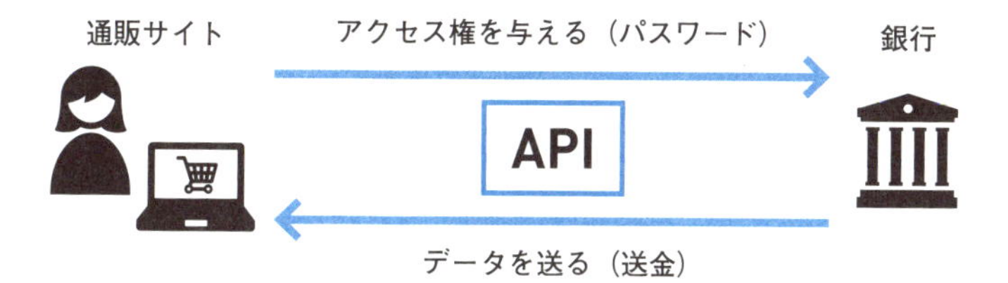

APIは、プログラム同士をつなぐ機能のこと。たとえばこの図の例では、通販サイトの決済機能をAPIでまかなっている

Lesson 60 [内製化、ノンコーディング]

開発手法の進化は企業淘汰を引き起こす

このレッスンのポイント

開発手法にもトレンドがあります。1つはレッスン34で挙げたアジャイルです。ここで取り上げる内製化とノンコーディングも、小さく開発してすばやくリリースするという文脈でDXに欠かせない開発トレンドです。

自社内で開発する

開発手法のトレンドを挙げるとしたら、レッスン34で解説したアジャイル開発ともう1つ、「内製化」があります。
一般的に、システム開発を行うときはSIerに依頼することがほとんどです。SIer（エスアイヤー）とはシステムインテグレーターの略で、システム開発を専門に請け負う企業のことです。多くの企業において、内製できる体制が整えられるわけではありません。その意味でSIerは大切なパートナーです。
ただ、DXプロジェクトでは企業内のビジネスプロセスを深く理解している必要があり、そうなると社外の人間ではスピード感ある開発が行えないという課題が生じてきます。その課題を解決するためのトレンドが「内製化」。つまり、自社内のリソースで開発するということです。
内製するメリットは、上述の通り自社ビジネスへの理解です。ビジネスプロセスと自社が抱える課題をよく理解し、そして現場とコミュニケーションがとりやすい、となると必然的に内製するのがベストとなります。当然それによりコスト削減やスピードアップという効果も見込めます。

ここまでに述べてきたようなクラウドサービスの登場によって、内製化への扉は大きく開かれたといえます。

ノンコーディングで開発する

内製化よりもさらに開発スピードを速くしているのが「ノンコーディングサービス」です。コーディングとは、コードを入力してプログラムを作成することですが、ノンコーディングサービスは文字通り、コードを入力することなくシステムを作成可能なサービスです。通常の開発では、ご存じの通りプログラミング知識やエンジニアリングの知識が必要であり、クラウドサービスを使うにしても一定レベルの専門知識は必要です。ノンコーディングサービスは、そのような障壁を取り払い、パーツをはめ込むだけで簡単なアプリから複雑なWebサイトまで作成できるのが特徴です。最近ではGoogleスプレッドシートにデータを入力して作成ボタンを押すだけで、iOSのアプリケーションができあがるというサービスすら登場しています。

この「コード不要」の潮流はシステム開発だけではなく、データ分析やAI開発といった高い専門性が要求される領域にも広がっています。レッスン55でも触れましたが、このようなサービスの登場によって、今後ますますアプリやシステム開発への参入障壁がなくなっていくでしょう。誰でもビジネスが起こせる時代です。そうなると、高い競争力を持ち続けられる企業以外は淘汰されていきます。外部環境の変化に対応するためにいま何をやるべきか、手遅れになる前に考え、実行に移しましょう。

▶ 代表的なノーコーディングサービス10選 図表60-1

サービス名	特徴
Adalo	直感的にデザインでき、Web、iOS、Androidのアプリを作成
Airtable	データベースをエンジニアでなくてもわかる見た目で操作できる
AppSheet	Googleスプレッドシートのデータのラベルから、適したモバイルアプリを推測して生成
Arcadier	メルカリのようなマーケットプレイスを作れるNoCodeツール
Canva	チラシ、バナー、動画をデザイン技術なしで作成できる
Retool	社内業務アプリ向けに特化したデータを見るダッシュボードを作成
Strikingly	ランディングページ（簡易サイト）をコーディングなしで作成できる
Voiceflow	スマートスピーカーの自動応答アプリ（スキル）を開発できる
Webflow	スマホ、PC対応のサイトがつくれるデザインツール、コンテンツ管理、サーバー環境を提供
Zapier	iPaaSと呼ばれ、開発なしに複数のSaaSを連携して定型作業を自動化する

Lesson 61

[フリーミアム、サブスクリプション]

DX時代の収益モデル

このレッスンのポイント

DXで売るのは形のあるモノではなく、サービスです。このレッスンでは、サービスによる収益モデルの鉄板であるフリーミアムとサブスクリプションについて解説します。これらはDXの収益化に不可欠なモデルです。

モノからコトへの転換

サービス化とは、わかりやすくいうとモノからコトへの転換です。これまでにも挙げたNetflixは、DVDというモノを見放題というコトに変えました。ほかにも同様の例を挙げると枚挙にいとまがありませんが、所有から利用、体験へと顧客の行動は変化しているのです。

リアル世界においても同様です。たとえば無印良品が提案するMUJI HOTEL。2019年に銀座で開業したときは大きな話題になりました。無印良品はご存じの通り、店舗で家具や雑貨、食品などのモノを売る小売業ですが、MUJI HOTELでは店舗で販売している商品を、客室の備品やアメニティとして配備し、宿泊客に利用してもらっているのです。

最近であればテレワークによってオフィスのあり方も変わりつつあります。建物を所有または賃貸するという考えから、必要なときに必要なスペースだけ利用するという形です。

いずれの例も、所有から利用に転換した消費者の行動をとらえた結果のビジネスといえます。

サービス化は、データを武器とする私たちの強みが発揮しやすいのではないでしょうか。

無料を起点に収益化する

サービス化と相性のよい収益モデルがあります。まず挙げられるのはフリーミアムモデルです。フリーミアムとは、無料でサービスを提供することで顧客を多く集めるというモデルです。集まった顧客のうち何割かが有料サービスを利用してくれれば収益化します。そのため収益化のポイントとなるのは、どれだけ集客できるか、見方を変えれば魅力的なコンテンツを無料で提供できるかです。

レシピ検索サイトのクックパッドなどはフリーミアムのモデルの代表例といえます。投稿されたレシピは数百万件あり、サービス利用は無料。延べ利用ユーザーは数千万人という規模を誇ります。広告収入もありますが、レシピを特別に利用できるプレミアム会員から月300円弱を得ています。

中国のBtoBマーケットプレイス、アリババもフリーミアムモデルです。アリババは数千万社が登録するといわれるビジネスマッチングプラットフォームです。無料で出店でき、約1%の企業が有料会員になっています。中国の大手決済サービス、アリペイは、アリババのユーザーなら無料で利用可能です。複数の導線から集客することで、アリババは大量のユーザーを獲得し、他社には追随できない状態をつくりあげたのです。

サブスクリプションに移行する

フリーミアムと組み合わせられる収益モデルがサブスクリプションです。サブスクリプションは、もともと定期購読という意味ですが、定期利用する権利を売って収益を得るモデルです。前述のDVDの場合、見たいソフトを全部購入していたら結構な金額がかかりますが、Netflixであれば、月額1,500円程度でそれらが全部鑑賞できるわけです。企業側からすると、サブスクリプションでは1回ごとの売り上げは少なくなりますが、継続的に安定した収入が得られるのがメリットです。無料期間でユーザーを集め、体験してもらい、価値を感じたらサブスクリプションに移行してもらう。という流れでフリーミアムと組み合せるのが一般的です。

サブスクリプションのポイントは、価格設定です。ユーザーには継続的に支払いが発生するため、高く感じる価格であれば契約に至りません。競合も多いため、いかに価値を高められるかが勝負です。

サブスクリプションは、営業せずに売り上げを立てるモデルであり、DXで目指すべき収益モデルです。逆に、サブスクリプションでないDXは考えにくいでしょう。

Lesson 62 ［プランナー］

求められるスキルも進化する

このレッスンのポイント

進化しているのは技術やビジネスだけではありません。それらをつくり運営する私たちに求められるスキルも進化しています。このレッスンではスキルの進化のポイントを押さえておきましょう。

すべての仕事がIT化していく

トヨタ自動車の豊田章男社長はかつて「競争相手は自動車会社だけではない。Googleのような会社もライバルになってくる」と発言しました。この発言は、私たちが将来のキャリアを考えるにおいて非常に示唆に富んだ内容になっています。改善の限りを尽くし、製造業の究極の姿ともいわれるトヨタ自動車ですらもIT企業であるGoogleを競合として見ているということです。

Googleは、2010年に自動運転車の走行実験を開始しました。そして2016年には「Waymo」という会社を立ち上げ、自動運転車の開発に本格的に取り組み始めます。Waymoは無人タクシーサービスを世界ではじめて提供し、デトロイトに自動運転車の生産工場を建設。つまり製造業とITはいまや競合であるという豊田社長の認識は正しかったのです。

こんな例もあります。三重県伊勢市にあるえびや大食堂は、伊勢神宮の近くに店を構える1912年創業の老舗飲食店ですが近年、時代の流れとともに経営が厳しくなっていきました。そんななか、代表の田島氏はExcelを眺めて食品ロスに気づきました。そうして集めたデータからメニューの注文数を予測し、食品ロスを削減する取り組みを始めました。こうしてえびやは売り上げで5倍、利益率で10倍の成長を遂げたのです。いまでは、えびや大食堂は来店予測のAIを飲食業に提供するIT企業に進化しています。

自動車メーカーも老舗食堂も、成功を手にした企業は例外なくITを使いこなしているのです。

「プチITプランナー」になる

すべての企業がITを必要とするいま私たちに必要なのは、ITのスキルに加え、さまざまな業界の課題を解決するプランナーとしてのスキルです。プランナーになるために大切なのは、図表62-1の3点です。1つ目は、情報の編集力です。この第6章で取り上げてきたようなトレンドをつかみ、自分なりにそのポイント――なぜトレンドなのか、誰の役に立つのか――といったことを整理し、人に説明できるようにするのです。次々に新しい情報が流れてくる時代に、使える情報かどうかを見極める力が不可欠です。2つ目は、ビジュアル化する力です。本書でさんざん述べてきたようなビジネスプロセスなどを絵にしてとらえるのです。絵にすることで、抜け漏れなく情報を整理でき、かつ自分の理解も深まります。さらにチームとの共有にも役立ちます。3つ目は再構築する力。絵にしたビジネスプロセスを再構築するのです。これは課題を見つけて対策を立てる力ともいえます。現状を把握し、改善ポイントを見つける。課題の解決は誰もがすぐにできるようなものではありません。しかし、ここに挙げた力とITスキルを掛け合わせることで、「プチITプランナー」くらいのスキルを身につけられるでしょう。

▶ プランナーに必要なスキル 図表62-1

編集力

ビジュアル化力

プランナーに必要なスキル。言い換えれば、課題解決に必要なスキルでもある

ワンポイント インプットとアウトプット

情報の編集力を身につけるには、インプットとアウトプットを多くこなします。たとえば書籍から得た知見を人に説明したり、ブログなどで整理して発表したりすると、自分のなかで情報が咀嚼され、理解が深まります。相手に伝わらないということは、自分がきちんと理解できていない証拠です。その場合は別の情報源にあたって知識を追加しましょう。同じテーマであっても、人によって説明のしかたが異なります。そのため同じテーマの本を複数読むのがおすすめです。異なる視点で物事を考えることで、知識が「一回り」します。知識の層が厚くなっていくのです。

Lesson 63 ［2025年の崖］

2025年の崖の先にあるもの

このレッスンのポイント

「2025年の崖」と呼ばれるシステムやビジネスモデルの課題が呼び水になっているDXですが、2025年は必ずやってきます。日本が抱える課題を見つめ、2025年を乗り越えるための糸口を探ります。

日本が抱える課題

オリンピック開催後の経済がどうなるのか、人材不足を補えるのか。人口減少に対して生産性をどう改善するのか、日本の課題は私がここに書くまでもなくさまざまなメディアで取り上げられています。これらのなかで最も大きな課題は、人口が減ることです。日本は戦後、人口が増加する前提で経済を動かし、それで社会保障を設計してきました。この先遠からず人口は1億人を割ると予測され、2021年に予定されるオリンピックは日本経済の最後の山ともいわれています。人口が減っていくなか、政府は海外からのインバウンド観光客の受け入れや、海外への農産品の輸出など、外国からの消費の呼び込み施策を行っています。しかし日本はOECDに加盟している各国のGDPに対する輸出額の比率、輸出依存度（2018年ベース）で、輸出依存度は下から2番目の14.8%。米国に次ぐ「内需大国」です。国内の消費が主であるため、国内の生産力を落とさず、消費者を増やしていくほかありません。

大げさかもしれませんが、2025年の崖の先はAIやDXによる自動化と、それを輸出すること、それが日本の再成長戦略だと筆者には思えるのです。

課題先進国は可能性先進国

このような状況である以上、国内産業を収益性の高いモデルにし、給与を保証する。そして労働人口を確保し、消費者にお金を使ってもらう、これしかありません。しかし現状は、収益性を上げられず、働き手が集まらない企業がほとんどです。
そのようななか、DXは、一定の効果が出しやすい施策の1つだといえます。期せずして訪れたコロナ禍によって、テレワークやシェアリング、そしてそれらを支えるデジタルの可能性に注目が集まりました。働き方の選択肢が増えたことは、労働人口に伸びしろがあることを示しています。
トップダウンによる緊急事態宣言時に、私たちの日常は変わりました。そのときに、マスクを手作りしたり、自宅で過ごす人々のためにYouTuberたちがお役立ち動画をアップしたりと、ボトムアップでも行動が起こりました。国民全体が課題解決のための行動したのです。日本は課題先進国ですが、打率の高そうな解決策をまだまだ秘めています。その意味で可能性先進国でもあるのです。

DXは輸出できる産業

日本は少子高齢化で世界のトップを走っていますが、アメリカやイギリスでも同じ現象は始まっています。また、21世紀に入り新興国でも人口出生率が低下し始めています。つまり日本が通った道は先進各国、さらには新興国がこれから通って行く道になります。
効率化や自動化、新しいビジネスモデルを開発するDXはいまの日本が強烈に必要としている技術ですが、10年後には「世界が強烈に必要とする技術」になるのです。ここからの10年でDXが日本のお家芸になっていけば、輸出産業にして海外の人口減少に悩む国々に売り出していくのがシナリオになりえるでしょう。
DXが輸出産業になりえると考えるのは、過去に日本が輸出したのは製品だけでなく、トヨタ生産方式やQCDといった製品を生み出すプロセスも含むものだったからです。たとえばプロセスをチューニングして生産効率を上げるデジタライゼーションは、トヨタ生産方式に似ています。そしてDXは、自社の事業をプラットフォーム化して他者を参加させるトヨタの現地生産方式に似ています。日本の産業はDXのように、徐々に事業をカイゼンし、新たなビジネスモデルを生み出し事業を変えるやり方を、ノウハウとして持っています。日本におけるDXは、世界的用語にもなった「カイゼン」の再体験なのです。

Lesson 64 [DX後の世界]

あなたの現場で起きること

このレッスンのポイント

本書の最後のレッスンでは、DXにより2025年の崖を乗り越えた先のビジョンを描きます。その後、国内の産業はどうなって、あなたの現場はどうなっているのでしょうか。いち早くチャンスを手に入れ、可能性を広げましょう。

2025年に起きること

2025年もオフィスは自動化の主戦場です。特に働き方改革とコロナウイルス感染症のインパクトを大きく受けることになります。経理や法務、総務人事などの自動化は伸びています。特にRPAやSaaSできれいになったデータが、APIで社内に供給されていきます。営業などの定型業務は自動化できる可能性がありますが、MAやCRMツール、Web商談などのWebサービスが代替している業務はまだごくわずかで、自動化が進みながら労働移動が始まるでしょう。

製造業は変わらず900万人もの労働力を抱える、労働移動のドル箱です。集合形態を取ることが多い工場では、コロナ禍のインパクトは大きく、無人工場化を進めていくほかありません。ここからほかの産業への労働移動が進んでいくものと思われます。日本はファクトリーオートメーションでは有名ですが、現場が使いやすい安価なAIが開発され、中小企業でもAIの民主化の恩恵を受けていきます。

ワンポイント 機械に代替されない役割を得る

2013年、オックスフォード大学のマイケル・オズボーン准教授が行った試算によれば、今後10～20年でアメリカの労働人口のうち、47%が機械に代替可能になるとされています。この試算結果が発表されてから本書執筆時点で7年が経っています。「機械に使われる」のではなく、「機械を使う」立場になるために、私たちの考え方そのものも転換が必要です。

これから伸びる産業

これらの労働力が移動する先の産業にもチャンスがたくさん転がっています。
DXで伸びたIT産業はさらに伸びます。開発の現場では小さく開発し、ドキュメントを減らすタイプの開発手法、アジャイルが主流になっていきます。人材は足りません。労働移動を受け入れる側の産業としては、非エンジニアでも参加しやすくなる「開発自動化」などのノンコーディング、開発をしやすくするAWSやクラウドサービス、新しいIT知識を身につけるWeb人材育成サービスなどが伸びるでしょう。
人手不足の影響が大きいのは、小売りや飲食などの店舗を必要とする業種です。店舗の人材不足は致命的ですが、それを補うためにこの業種でも自動化が伸びていくでしょう。日本の店舗には防犯カメラが多数設置され、POSレジがあります。店舗から得られるデータは非常に多いのです。このデータを活用して、リアル店舗とネット店舗の両軸で販売できる体制を整えることがビジネス転換になります。
日本における物の取引に占めるEC化率は、2019年時点でまだ7%弱。伸びしろしかありません。コロナウイルス感染症のインパクトと人材不足でリアル店舗は徐々に減り、ECに業態転換が進むはずです。そのときに、リアルとネットで販売していれば、スムーズに転換できます。
医療は労働移動先として有望な分野です。少子高齢化の日本では、医療は成長産業であり社会課題です。充実した社会保障のおかげで日本のCT、MRI保有数は世界一。画像データ数が世界一ということです。5Gが普及すればVRを使った遠隔医療や症例判定AI、遠隔通信で医療関係者をシェアリングする「ドクターシェアリング」などが伸びるでしょう。
第6章で取り上げてきたトレンドを掛け合わせて、新しい価値を創出することが、これからのビジネスに直結します。

読者の皆さんの現場での変化が見えたでしょうか。どんなシナリオになっても、2025年の崖を超えても、DXやAIで効率化を待っている人がたくさんいることは変わりません。2025年の崖やDXは、いわゆる「時代のキーワード」に過ぎないかもしれませんが、2025年を超えてもテクノロジーは私たちの社会の大事な武器であり続けます。

COLUMN

「いちばんやさしいDXの教本」のDXなつくり方

DXの本らしく、この本もデジタライゼーションしながら執筆しました。書籍の執筆は、紙の役割がまだ大きい世界です。そこまでいかなくても、Wordファイルに原稿を書いて、対面で打ち合わせ、調整します。最初の原稿である初稿ができたらプリントアウトして、赤ペンでコメントを入れて修正します。このアナログな作業を繰り返して完成に向かっていきます。この本をお読みの皆さんならよくおわかりいただけるでしょう。ものづくりの現場はどこも、ものすごくアナログなのです。
今回の執筆チームでは、デジタルに執筆を進めることを決めました。進行管理はデジタルカンバンツールのTrello、執筆はファイル共有作成のGoogleDocs、Slide。会議はZoomで行いました。Trelloのカードに目次や章立てをつくっていき、章の執筆と納期を著者に割り振っていきます。今回は著者が2人いましたが、混乱なく割り振りができました。Trelloのカードのなかにはメモレベルの原稿を書きます。あらすじがチームで見えたら、GoogleDocsで全員と共有し原稿を作成、書いた原稿はリアルタイムで共著者や編集者からのコメントが入り、その場で修正されます。図版はGoogleSlideで作成し、挿入する箇所にリンクを貼ります。疑問点や進行はZoomの会議で確認を進めます。このようにこの本の執筆プロセスはデジタライゼーションされていきました。
私個人にもDXが起こりました。私はGoogleの音声入力でこの原稿を執筆しています。アウトラインを音声入力で書いた後、編集者の気持ちでキーボード入力でリライトします。それを繰り返しながら仕上げていきました。文章を書く作業は書き出すまでが大変ですが、スムーズに書けるようになりました。
3人の執筆チームは、編集者の田淵さんとは対面では一度しか会わず、共著者の亀田さんとも対面の会議は一度もしていません。外部取材もZoomとスプレッドシートで行う徹底ぶり。ものづくりの現場でもDXが進んでいくだろうな、と実感しています。

コロナウイルス感染症の広がりもありながら、DXの本にふさわしいデジタライゼーションされた執筆作業でした。

索引

スタッフリスト

カバー・本文デザイン	米倉英弘（細山田デザイン事務所）
カバー・本文イラスト	東海林巨樹
撮影協力	渡　徳博（株式会社ウィット）
DTP	町田有美・田中麻衣子
デザイン制作室	今津幸弘 鈴木　薫
制作担当デスク	柏倉真理子
編集協力	浦上諒子
副編集長	田淵　豪
編集長	藤井貴志
取材協力	弁護士ドットコム株式会社 株式会社RevComm 株式会社ベーシック 株式会社プレカル 株式会社Cogent Labs（飯沼 純） Sansan株式会社 株式会社イーオン amplified ai, inc. アディッシュ株式会社（境野 高義） 株式会社GAUSS ヤマトホールディングス株式会社（中林紀彦） 株式会社スピークバディ 株式会社STANDING OVATION ウォンテッドリー株式会社 株式会社キャスター ※掲載順
制作協力	亀田みさ緒 進藤尚江

■商品に関する問い合わせ先
インプレスブックスのお問い合わせフォームより入力してください。
https://book.impress.co.jp/info/
上記フォームがご利用頂けない場合のメールでの問い合わせ先
info@impress.co.jp
●本書の内容に関するご質問は、お問い合わせフォーム、メールまたは封書にて書名・ISBN・お名前・電話番号と該当するページや具体的な質問内容、お使いの動作環境などを明記のうえ、お問い合わせください。
●電話やFAX等でのご質問には対応しておりません。なお、本書の範囲を超える質問に関しましてはお答えできませんのでご了承ください。
●インプレスブックス（https://book.impress.co.jp/）では、本書を含めインプレスの出版物に関するサポート情報などを提供しておりますのでそちらもご覧ください。

■落丁・乱丁本などの問い合わせ先
TEL 03-6837-5016
FAX 03-6837-5023
service@impress.co.jp
（受付時間／10:00-12:00、13:00-17:30 土日、祝祭日を除く）
●古書店で購入されたものについてはお取り替えできません。

■書店／販売店の窓口
株式会社インプレス 受注センター
TEL 048-449-8040
FAX 048-449-8041
株式会社インプレス 出版営業部
TEL 03-6837-4635

いちばんやさしいDX（デジタルトランスフォーメーション）の教本（きょうほん）
人気講師（にんきこうし）が教（おし）えるビジネスを変革（へんかく）する攻（せ）めのIT戦略（アイティーせんりゃく）

2020年9月21日　初版発行
2021年4月1日　第1版第3刷発行

著　者　亀田重幸（かめだしげゆき）、進藤圭（しんとうけい）
発行人　小川 亨
編集人　高橋隆志
発行所　株式会社インプレス
〒101-0051 東京都千代田区神田神保町一丁目105番地
ホームページ https://book.impress.co.jp/
印刷所　音羽印刷株式会社

ISBN 978-4-295-00980-1 C0034
Printed in Japan